HET COMPLETE AUSTRALIAN SHEPHERDS HANDBOEK

Kirsten Tardiff

www.lpmedia.org

Publicatiegegevens

Kirsten Tardiff

Het Complete Australian Shepherds Handboek ---- Eerste editie.

Samenvatting: "Een Australische Herder met succes opvoeden van puppy tot oude dag" --- Verstrekt door de uitgever.

ISBN: 978-1-961846-62-3

[1. Australische Herdershonden --- Non-fictie] I. Titel.

Ontwerp door Sorin Rădulescu
Eerste Nederlandse editie, 2025

HOOFDSTUK 1
Over de Australian Shepherd

Wat is een Australian Shepherd?

"Zelfs de meest energieke Aussie zal, als er een goede band is, naast je komen zitten wanneer je je niet goed voelt of gewond bent. Ze geven werkelijk om hun roedel en hun mensen. Ik heb nog nooit een Aussie gehad die dezelfde persoonlijkheid had als een andere Aussie. Elk exemplaar is echt uniek."

Joan Fry
Bella Loma Kennels

*Foto met dank aan
Karie King
Kicking K Australian Shepehrds*

Australian Shepherds behoren tot de groep herdershonden, oorspronkelijk gefokt om met vee te werken. Ze hebben de taaiheid en behendigheid om lastig vee onder controle te houden, maar ook de intelligentie en het onderscheidingsvermogen om wiebelende, kwetsbare eenden te verplaatsen. Ze bezitten een ongelooflijke werklust en verlangen om hun baas tevreden te stellen en worden zeer gewaardeerd in hondensport zoals Agility en Competitive Obedience. Aussies houden van wat ze doen, en ze doen alles goed. Je zult nooit een enthousiastere partner vinden dan een Australian Shepherd!

Geschiedenis van de Australian Shepherd

Hun naam is enigszins misleidend - Aussies zijn een Amerikaans ras. Baskische herders in Europa ontwikkelden een herdershond genaamd de Pyreneese Herdershond die begin 1800 met hen naar Australië emigreerde. Men vermoedt dat de honden daar werden gekruist met Border Collies en andere rassen voordat ze tegen het einde van de 19e eeuw opnieuw emigreerden, ditmaal naar de Amerikaanse westkust. Deze "kleine blauwe honden" pasten zich aan aan de wensen en behoeften van boeren en veehouders in het Amerikaanse Westen, waardoor het ras verder werd geperfectioneerd.

Na de Tweede Wereldoorlog trok het ras de aandacht van het Amerikaanse publiek door de groeiende interesse in de westerse levensstijl. Aussies waren vaak te zien bij rodeo's waar ze trucs uitvoerden die het publiek vermaakten en werden al snel een vertrouwd gezicht bij paardenshows. Ze verschenen ook in films en tv-programma's, waardoor ze nog meer in de publieke belangstelling kwamen te staan. In 1957 werd een nationale rasvereniging opgericht en sindsdien hebben Aussies wereldwijd een gestage groei in populariteit genoten! In de Verenigde Staten staan ze volgens statistieken van de Raad van Beheer op Kynologisch Gebied in Nederland op de 17e plaats van meest populaire hondenrassen in 2019.

Tegenwoordig zijn de meeste Aussies geliefde huisdieren of succesvolle deelnemers aan verschillende hondensporten. Velen werken nog steeds op boerderijen en helpen bij het verplaatsen en controleren van vee voor hun eigenaren. Deze dienstverlening maakt hen vaak onmisbaar en bespaart hun bazen veel tijd en moeite!

Fysieke kenmerken

Australian Shepherds werden voor het eerst formeel erkend als ras toen de Australian Shepherd Club Of America (ASCA) in 1957 werd opgericht. Aussies werden pas in 1990 erkend door de Raad van Beheer op Kynologisch Gebied in Nederland. Beide rasverenigingen hebben een geschreven rasstandaard die voorschrijft hoe de ideale Australian Shepherd eruit zou moeten zien en welke temperamentkenmerken ze zouden moeten bezitten.

Aussies zijn meestal middelgrote honden tussen de 16-25 kg en 45-58 cm hoog. In tegenstelling tot wat vaak wordt gedacht, erkennen de meeste rasregisters geen grootte varianties (zoals "Toy", "Miniature", "Standard"). Kwaliteit en werkethiek worden voor een Aussie belangrijker geacht dan formaat. Voor liefhebbers van een vergelijkbare maar kleinere hond is er recent een apart ras ontwikkeld uit kleinere Australian Shepherds, genaamd de Miniature American Shepherd.

De lichaamsverhoudingen van de Australian Shepherd zijn licht rechthoekig, met een gemiddelde botstructuur. Hun hoofd is matig breed, en de breedte en lengte van de schedel moeten gelijk zijn aan de lengte van de snuit. Ze moeten strakke lippen hebben die nooit kwijlen en amandelvormige, intelligente, expressieve ogen. Deze schedel- en oogvorm beschermt hen tegen de vliegende hoeven van opgewonden vee, waardoor mogelijke verwondingen worden geminimaliseerd. Hun oren staan hoog op het hoofd en vouwen naar voren (een "knoop-oor" genoemd) of naar de zijkant (een "roos-oor"), wat hun oren schoon en droog houdt. Hun lichaam moet behendig, atletisch en gespierd zijn; in staat om in een oogwenk te draaien. Aussies werden zo gefokt om veilig en effectief de hele dag vee te kunnen verplaatsen. Een van de meest opvallende Aussie-kenmerken is een korte staart, die hen hun unieke uiterlijk en kenmerkende wiebel-achterwerk geeft wanneer ze opgewonden zijn.

Dit ras heeft middellang haar en heeft een dubbele vacht; dit betekent dat ze een ondervacht hebben van kort, fijn haar en een tweede laag van langer, wat grover haar aan de buitenkant. Hoewel hun vacht over het algemeen gemakkelijk te verzorgen is, verharen ze seizoensgebonden behoorlijk. Aussie-vachten komen in vier basiskleuren - zwart, rood, blue merle en red merle. Ze kunnen ook koperkleurige aftekeningen hebben, met of zonder witte accenten. Een driekleur, of "tri", heeft de basisvachtkleur en zowel koper als witte accenten. Een "bicolor" heeft alleen de basiskleur en witte accenten, terwijl een hond met een basiskleur en koper maar zonder wit "rood met koper", "zwart met koper", enzovoort wordt genoemd. Een hond zonder wit of koper is "effen blauw", "effen rood", enzovoort. Aussies staan ook bekend om hun grote verscheidenheid aan oogkleuren, die elke tint bruin, hazelnoot/groen, geel/amber of blauw kunnen zijn, inclusief gemarmerde ogen of ogen die elk een andere

Foto met dank aan
Francine Guerra

11

kleur hebben. Blauwe en gemarmerde ogen komen vaker voor bij merles vanwege hun vachtkleur.

Gedragskenmerken

"Australian Shepherds zijn gereserveerd tegenover vreemden. Dit betekent niet verlegen of agressief. Het betekent alleen dat ze in het begin niet ieders beste vriend zijn."

Heidi Mobley
Western Hills Australian Shepherds

Aussies werden ontwikkeld als een effectief, veelzijdig herdersras, maar er is een verrassende hoeveelheid variatie tussen families en individuen. De meesten vertonen van nature herdersinstincten, zoals achter bewegende objecten aanrennen en heen en weer weven achter hen, of in de hielen bijten van mensen, dieren of andere honden. Hoewel veel Aussies van nature hun bek gebruiken om te verplaatsen en te controleren wat er toevallig om hen heen beweegt - "grip" genoemd - zijn ze niet kwaadaardig en vertonen ze meestal geen ongerechtvaardigde agressie. Australian Shepherds zijn doorgaans geen luidruchtig ras, maar zullen blaffen om je te waarschuwen als er iets mis is.

Dit ras is extreem intelligent en houdt ervan om mentaal gestimuleerd te worden. Ze zijn slim genoeg om problemen op te lossen en hun omgeving te manipuleren - inclusief hun eigenaren - om zichzelf te vermaken en te krijgen wat ze willen als je hen niets te doen geeft. Aussies leven meestal om hun eigenaren te behagen en houden ervan om bij hun familie te zijn. Ze hebben de bijnaam "klittenbandhonden" gekregen vanwege de manier waarop ze jouw schaduw worden en je overal volgen als dat wordt toegestaan. Aussies verdragen over het algemeen geen al te strenge trainingsmethoden, maar gedijen als ze lof krijgen voor een goed uitgevoerde taak. Ze hebben meestal veel energie en hebben dagelijks lichaamsbeweging nodig om ze fysiek fit te houden en irritatie door opgehoopte energie te voorkomen.

Aussies zijn meestal gereserveerd tegenover vreemden. Ze begroeten nieuwe mensen niet enthousiast, maar behandelen hen eerder met koele onverschilligheid. Ze neigen ernaar hun huis en haard te bewaken tegen indringers, waardoor ze vanaf jonge leeftijd veel positieve sociale interacties met nieuwe mensen nodig hebben om hen te leren vriend van vijand te onderscheiden. Sommige Aussies kunnen atypisch zelfvertrouwen missen en verlegen of ang-

*Foto met dank aan
Julie Caywood*

stig zijn. Deze honden hebben veel training en zorgvuldige socialisatie nodig terwijl ze opgroeien om hen te helpen evenwichtige volwassenen te worden.

Is een Australian Shepherd de juiste keuze voor u?

"Omdat het ras werd gecreëerd om de veehouder bij meerdere taken te helpen, hebben ze een sterke band met hun baas. Dit betekent dat ze altijd één oog op jou gericht houden en de wens nebben om in de buurt te zijn wanneer dat nodig is."

Tina Beck
Goldcrest Aussies

Aussies bieden bepaalde uitdagingen voor potentiële eigenaren. Wanneer je probeert een ras voor jouw huis te selecteren, overweeg dar hoeveel tijd je hebt, de activiteiten die je graag doet en wat je echt wilt in een nieuwe metgezel. De meeste honden leven gemiddeld 12-14 jaar, wat een enorme verbintenis is. Neem de tijd om er zeker van te zijn dat een Aussie jou en jouw huis vreugde zal brengen, en dat hij ook gelukkig zou zijn bij jou!

Foto met dank aan Kelsey Dickerson

Wat voor soort thuis kun je een Aussie bieden? Deze honden leefden historisch gezien op enorme boerderijen, met voldoende ruimte om te leven en te werken. Hoewel ze niet per se veel hectares of enorme hoeveelheden ruimte nodig hebben, is een middelgrote tot grote omheinde tuin

Foto met dank aan
Chris Barnes

ideaal. Als je geen tuin hebt, kun je dan tijd vrijmaken voor lange wande-lingen, joggen, wandeltochten of uitstapjes naar het park met jouw Aussie om aan zijn bewegingsbehoeften te voldoen? Hoewel Aussies traditioneel bijna uitsluitend buiten werden grootgebracht, brachten boeren en vee-houders het grootste deel van hun dag door met het zij aan zij werken met hun honden om het vee te verzorgen. Een Aussie die gedwongen wordt om het grootste deel van zijn tijd weg van zijn familie door te brengen, zal ongelukkig zijn. Voor de meeste gezinnen van vandaag betekent dit dat de plaats van een Aussie in huis is. Hoewel ze graag buiten zijn, wil een Aussie het allerliefst bij zijn favoriete mensen zijn.

Omdat ze erg slim zijn, heeft een Aussie training nodig. Meestal houdt dit ten minste een puppykleuterklas in om goed te beginnen. Alle honden hebben duidelijke grenzen en verwachtingen nodig, en Aussies in het bij-zonder zullen gedijen wanneer ze een "taak" krijgen. Dit kan betekenen dat je hen trucjes leert, deelneemt aan hondensporten, je helpt de scha-pen voor de nacht binnen te brengen, of meer. Verwacht niet dat een Aus-sie tevreden is met de hele dag op de bank zitten. Je moet bereid zijn om dagelijks tijd vrij te maken om leuke dingen te doen met jouw Aussie en bereid zijn om hen te leren wat je van hen verwacht. Gelukkig zijn ze gemakkelijk te trainen en bereidwillige leerlingen!

Aussies hebben een dikke vacht die wekelijks geborsteld moet worden voor onderhoud en zelfs vaker tijdens periodes van zware verharing. Als je geen pluizige haartjes op jouw kleding en over de vloer kunt verdragen, is dit misschien niet het ras voor jou! Je moet bereid zijn tijd te besteden aan het leren van een puppy om verzorging leuk te vinden, zodat dit later geen stress oplevert. Net als elke hond hebben de nagels van Aussies regelmatig bijknippen nodig, moeten tanden en oren worden schoongemaakt, en hebben ze af en toe baden nodig om hun huid gezond en aangenaam ruikend te houden. Als je zelf geen tijd wilt besteden aan het verzorgen van jouw hond, kun je het dan veroorloven om hem elke 8 weken naar een professionele trimmer te brengen?

Kun je de ruimte, beweging en tijd bieden die een Aussie nodig heeft om een gelukkig, gezond lid van jouw gezin te worden? Zo niet, dan wil je misschien heroverwegen om een van deze honden mee naar huis te nemen. Als het antwoord ja is, gefeliciteerd! Je hebt gekozen voor een veelzijdige, intelligente, enthousiaste hond die zijn dagen zal doorbrengen met werken om jou tevreden te stellen!

HOOFDSTUK 2
Een Australian Shepherd kiezen

Als je hebt besloten dat een Australian Shepherd bij jou en je gezin past, is het nu tijd om na te denken over waar je je nieuwe metgezel gaat halen. Dit is geen moment om overhaast te werk te gaan, hoe enthousiast je ook bent. Het vinden van de beste hond vraagt wat geduld en planning.

Kopen versus adopteren

Er woedt een verhit publiek debat over wat beter is – je hond bij een fokker of bij een asiel halen. Het echte antwoord is: geen van beide is beter! Beide opties hebben voor- en nadelen, en wat voor de één geschikt is, hoeft dat voor de ander niet te zijn.

De voordelen van kopen bij een verantwoordelijke fokker zijn onder andere gezondheidsgeteste ouderdieren, gezondheidsgaranties en onder-

Foto met dank aan
Francine Guerra

steuning van de fokker. Serieuze fokkers besteden veel tijd aan het screenen van hun honden om alleen de allerbeste honden te fokken. Als de ouderdieren consistent zijn in de eigenschappen die je zoekt, heb je meer zekerheid over hoe je pup zich zal ontwikkelen. Goede fokkers garanderen de gezondheid van hun pups en staan achter hun dieren. Ze ondersteunen nieuwe eigenaren gedurende het hele leven van de hond en kunnen snel je beste informatiebron worden over je hond.

Het belangrijkste nadeel van het kopen van een pup bij een fokker is meestal de prijs. Betrouwbare fokkers investeren aanzienlijke bedragen om kwaliteitshonden te fokken, dus de prijzen die ze voor hun pups vragen weerspiegelen dat vaak. Een ander nadeel is dat je zorgvuldig moet nagaan of je bij een betrouwbare fokker koopt (dit wordt verder besproken in het volgende deel van dit boek). Er zijn veel onverantwoordelijke fokkers. Deze kun je vermijden door fokkers zorgvuldig te interviewen en aanbevelingen te vragen aan dierenartsen of andere professionals.

Asielen en opvangcentra kunnen een uitstekende plek zijn om je Aussie te adopteren. Meestal zijn asiel- en opvangdieren al gecastreerd of gesteriliseerd en zijn hun vaccinaties en diergeneeskundige zorg bijgewerkt. De meeste adoptievergoedingen zijn slechts een fractie van wat je aan een fokker zou betalen. Bovendien is het bieden van een thuis aan een Aussie zonder huis een prachtige daad van mededogen! Er zijn veel goede Aussies die door omstandigheden buiten hun schuld op zoek zijn naar een liefdevol thuis!

Een van de nadelen van het adopteren van een hond uit een asiel is dat veel honden een onbekende voorgeschiedenis hebben, en sommige hebben mogelijk extra training nodig en vragen om begrip van hun nieuwe eigenaren terwijl ze wennen aan een nieuw leven. Ook zijn de meeste honden die in asielen terechtkomen ouder dan zes maanden. Als je specifiek een pup wilt, kan dit tijd kosten als je bij asielen zoekt.

Hoe vind je een betrouwbare fokker

Simpel gezegd is een betrouwbare fokker iemand die het belang van zijn honden voorop stelt. Omgekeerd is iemand voor wie financieel gewin, prijzen of andere belangen zwaarder wegen dan het welzijn van zijn honden, waarschijnlijk geen verantwoordelijke fokker die weloverwogen keuzes maakt voor de gezondheid en het geluk van zijn dieren. Waarom is het kopen bij een betrouwbare fokker zo belangrijk? Hoewel veel mensen hun hond kopen bij broodfokkers of uit puppyfabrieken, is dit sterk af te raden:

honden uit onverantwoorde fokpraktijken hebben namelijk veel vaker ernstige gezondheids- en gedragsproblemen, waardoor ze minder geschikt zijn als gelukkige, langlevende metgezellen. Sommige mensen kopen een puppy uit een slechte situatie om hem te 'redden'... maar hoe hartverscheurend ook, dit draagt alleen maar bij aan het probleem. Puppyfabrieken en broodfokkers blijven een probleem omdat mensen bij hen blijven kopen. Als we stoppen met hen een reden te geven om door te gaan, zullen ze ophouden te bestaan. Als je een fokker vindt met slechte leefomstandigheden voor hun dieren, is het beste wat je kunt doen om hen te melden bij de autoriteiten en verder te zoeken. Maak deze trieste situatie niet mogelijk door er aan mee te werken!

Wees je ervan bewust dat iemand die twee honden laat paren om puppy's te krijgen, daarmee nog geen betrouwbare fokker is. Amateurs kunnen snel tegen genetische temperament- en gezondheidsproblemen aanlopen als ze niet weten wat ze doen. Het is het beste om een fokker te kiezen die gebruik maakt van hulpmiddelen zoals genetische en gezondheidsscreening, goed bekend is met de stambomen van de honden waarmee ze werken, en jarenlange ervaring heeft met het ras. Als het een nieuwere fokker betreft (minder dan tien jaar ervaring met het ras), vraag dan of ze een mentor hebben die hen begeleidt.

Een van de beste manieren om een betrouwbare fokker te vinden is door met een professional te praten. Je dierenarts, lokale professionele hondentrainer of trimmer zijn goede startpunten. Je kunt ook mensen die je kent met een Aussie die je bewondert vragen waar ze die hebben gehaald. Verder hebben de meeste fokkers een website, dus een internetzoekopdracht naar Australian Shepherd-fokkers in jouw omgeving kan ook goede resultaten opleveren.

De meeste serieuze fokkers hebben niet regelmatig puppy's beschikbaar – misschien slechts één of twee nesten per jaar. "Als iemand voortdurend puppy's beschikbaar heeft, of meerdere rassen of zogenoemde 'designer'-rassen fokt, zijn dat duidelijke rode vlaggen dat het deze fokker vooral om snel geld verdienen te doen is – niet om het fokken van gezonde, kwaliteitsvolle honden. Koop nooit van een fokker die puppy's bij hun moeder en nestgenoten weghaalt voordat ze acht weken oud zijn. Die laatste weken zijn een cruciale periode waarin de pup leert hoe hij met andere honden moet omgaan.

Begin idealiter ongeveer een jaar voordat je een puppy in huis wilt halen met het zoeken naar een fokker om mee samen te werken. Dit geeft je de tijd om een fokker te selecteren en te leren kennen. Veel mensen wachten tot het laatste moment om naar een puppy te zoeken, en hoewel je op korte termijn puppy's kunt vinden, kan het moeilijker zijn om te vinden wat je zoekt als je iets specifieks in gedachten hebt.

Fokkers interviewen

"Kies een hond die bij je levensstijl past. Hoewel Aussies in veel kleuren komen, kunnen ze ook gemiddeld tot zeer energiek zijn. Kies niet een dier op basis van zijn uiterlijk. Je moet je hele leven met je nieuwe vriend doorbrengen. De meeste goede fokkers zullen potentiële eigenaren begeleiden bij het kiezen van het juiste temperament voor hun huis."

Francine Guerra
Alias Aussies

Zodra je enkele aanknopingspunten hebt voor fokkers met w e je mogelijk wilt samenwerken, kun je contact met hen opnemen. Een goede fok-

Foto met dank aan
Beverly Cogan

21

ker moet bereid zijn om met je te praten en je vragen geduldig en grondig te beantwoorden. Wees beleefd wanneer je met een fokker praat – dit is een moment om hen te leren kennen, niet om hen te verhoren. Vermijd iemand die ongeduldig is, vragen ontwijkt of defensief wordt. Verwacht ook dat er vragen aan jou worden gesteld. Fokkers willen er zeker van zijn dat je klaar bent om goed voor een puppy te zorgen, voorbereid bent op dit specifieke ras en een veilig en liefdevol thuis zult bieden; help hen door hun vragen eerlijk te beantwoorden. Sommigen hebben zelfs vragenlijsten die potentiële eigenaren moeten invullen.

Als de fokker een website heeft, neem dan de tijd om deze zorgvuldig door te lezen. Dit bespaart je tijd en voorkomt dat de fokker steeds dezelfde vragen moet beantwoorden. Als de volgende informatie niet op hun website staat, zijn belangrijke vragen onder andere:

- Wanneer is het volgende nest gepland? (als ze momenteel niets beschikbaar hebben)
- Hoe zijn de ouderdieren van dat nest?
- Welke specifieke gezondheidstests doen ze?
- Welke gezondheidsproblemen hebben ze bij hun honden gezien?
- Hoe lang zijn ze al betrokken bij het ras?
- Als je met je Aussie aan een hondensport wilt doen, doet de fokker dan met succes aan dezelfde sport met zijn honden?

Vraag de fokker ook om een kopie van hun gezondheidsgarantie of contract en de prijsklasse van hun puppy's.

Stel jezelf ook een paar belangrijke vragen: zijn de ouderdieren het type Aussie dat je graag zou willen, en komt het moment waarop de puppy's naar hun nieuwe thuis mogen voor jou goed uit? Een fokker moet graag een moment willen inplannen waarop je hun honden kunt ontmoeten en kunt zien waar en hoe ze worden gehouden. Zijn de honden schoon en gezond? Is hun omgeving schoon, met vers water beschikbaar en speelgoed om mee te spelen? Is er een manier waarop ze regelmatig kunnen bewegen? Hoe zijn de honden met bezoekers? Accepteren ze je in huis en warmen ze gemakkelijk voor je op, of gedragen ze zich bang of agressief? Als je het huis van de fokker niet persoonlijk kunt bezoeken vanwege de afstand, zijn ze dan bereid om enkele referenties van eerdere kopers te geven? Vermijd een fokker die weigert je te laten langskomen of die lijkt iets te verbergen.

Veel fokkers verwijzen je door naar een ander als ze niet hebben wat je zoekt, of niets beschikbaar hebben in het tijdsbestek waar je naar kijkt. Dit kan een geweldige manier zijn om een goede connectie te leggen. Hun

Foto met dank aan
Sonya Roberts and Luke Moorman

doorverwijzing is meestal naar iemand die ze vertrouwen en is vaak ook een compliment aan jou. Als je op meerdere wachtlijsten staat, laat de fokkers dit dan weten en waarschuw hen als je een puppy elders hebt gekozen. Fokkers proberen vaak ervoor te zorgen dat ze huizen hebben gevonden voor de meeste of alle puppy's voordat ze zelfs maar geboren zijn, en ze waarderen het als ze op de hoogte worden gehouden. Sommige fokkers vragen een aanbetaling om op hun wachtlijst te blijven staan, en deze zijn over het algemeen niet-restitueerbaar, omdat ze er zeker van willen zijn dat je het serieus meent voordat ze een puppy voor je vasthouden.

Gezondheidstests en certificeringen

Goede fokkers maken gebruik van gezondheidstests voor het welzijn van hun honden. Op zijn minst moeten de ouderdieren hun heupen hebben laten controleren op dysplasie en hun ogen door een veterinaire oogarts op genetische afwijkingen. Veel fokkers gebruiken ook genetische tests of maken röntgenfoto's van ellebogen, schouders en knieschijven om te controleren op andere orthopedische problemen. Meer tests betekenen echter niet per se gezondere puppy's. Niet alle fokkers testen op alle zaken omdat die problemen mogelijk niet bekend zijn in de stambomen van hun honden. Hoe een fokker de relevante gezondheidsinformatie die ze hebben verzameld gebruikt, is het belangrijkst.

23

Helaas hebben sommige gezondheidsproblemen – zoals epilepsie en de meeste auto-immuunziekten of allergieën – geen genetische test. Deze ziekten worden het beste vermeden door voorzichtig te zijn bij het fokken van families van honden en te wachten tot een hond twee tot drie jaar oud is voordat er mee wordt gefokt, aangezien veel problemen tegen die leeftijd aan het licht komen. Zelfs ouders die vrij zijn verklaard van heupdysplasie garanderen niet dat ze nooit een puppy met heupdysplasie zullen produceren – het vermindert alleen het risico.

Vermijd fokkers die alleen een genetisch testpanel doen. Hoewel dit een geweldig hulpmiddel is, vervangt het niet de noodzaak om ogen en heupen te screenen op problemen. Aan de andere kant betekent een 'schoon' genetisch panel niet een gezondere hond. Voor de meeste genetische ziekten waarvoor een test bestaat, is het dragen van één gen voor de ziekte ongevaarlijk en veroorzaakt het geen problemen voor de puppy's als er gefokt wordt met een partner die geen drager is van de ziekte.

Contracten en garanties van fokkers

Om ervoor te zorgen dat een fokker het beste doet wat ze kunnen om gezonde honden te produceren, zoek naar een gezondheidsgarantie! Veel mensen begrijpen niet dat een gezondheidsgarantie GEEN garantie is dat je hond nooit een gezondheidsprobleem zal hebben; dat zou onmogelijk zijn om te beloven. Het is een garantie dat een fokker alles heeft gedaan wat ze weten om een gezondheidsprobleem te voorkomen, en als het toch gebeurt, ze achter hun puppy zullen staan en verantwoordelijkheid zullen nemen.

Er zijn twee verschillende soorten garanties – algemene gezondheid en genetische gezondheid. Algemene gezondheidsgaranties gaan in op de dag dat je je puppy mee naar huis neemt en zijn bedoeld om ziekten te dekken die als de schuld van de fokker kunnen worden beschouwd. Dit omvat parasieten zoals wormen of coccidia, en virale of bacteriële ziekten zoals parvo of kennelhoest. Deze garantie is kortdurend – meestal ongeveer drie dagen – en vereist dat je de puppy naar de dierenarts brengt om een ziekte te bevestigen. Meestal zal een fokker de puppy terugnemen voor behandeling en je terugbetalen, of je toestaan de puppy te houden en je de gemaakte dierenartskosten vergoeden.

Genetische gezondheidsgaranties daarentegen zijn bedoeld om invaliderende of levensbedreigende ziekten of aangeboren aandoeningen te dekken. Dit kunnen dingen zijn zoals epilepsie, blindheid of heupdysplasie.

Deze garanties moeten minstens twee jaar duren, aangezien de meeste van dit soort problemen zo lang duren om zich te manifesteren. Genetische gezondheidsgaranties die alleen het eerste levensjaar van een puppy dekken, zijn vrijwel nutteloos. Meestal biedt een fokker een terugbetaling aan voor wat je voor de hond hebt betaald of biedt een tweede puppy aan als vervanging. Wees je ervan bewust dat sommige fokkers hun garantie proberen te ontwijken door een clausule op te nemen waarin staat dat je de hond moet teruggeven om aanspraak te maken op een vervanging of terugbetaling — in de hoop dat je liever de hond houdt en afziet van je recht op compensatie. Dit is harteloos en kun je beter vermijden.

De meeste fokkers maken onderscheid tussen 'huisdier'-contracten en 'show/fok'-contracten. Als je alleen op zoek bent naar een gezinshond, moet het contract vereisen dat er niet met de hond wordt gefokt, dat je de hond binnen een bepaalde termijn laat castreren of steriliseren, en dat de fokker het eerste recht van weigering heeft als je ooit besluit dat je de hond niet kunt houden. Als je overweegt om met je hond te fokken of te showen, vereist het contract meestal dat de fokker de hond met jou mede-eigenaar is voor een bepaalde periode, dat de hond moet worden geshowd of titels moet behalen, en dat aan de gezondheidstestvoorwaarden moet worden voldaan voordat er gefokt mag worden. Deze clausules zijn allemaal bedoeld om de hond te beschermen en zijn acceptabel. Lees contracten zorgvuldig – als je je ongemakkelijk voelt of onzeker bent over een bepaald aspect, vraag de fokker dan waarom ze het hebben en of het onderhandelbaar is.

De perfecte pup kiezen

"Mijn belangrijkste factor zou temperament zijn. Het temperament van de ouders wordt doorgegeven aan hun nakomelingen. Na het fokken van verschillende generaties van verschillende bloedlijnen, ben ik altijd verbaasd hoe persoonlijkheidskenmerken consistent in een bloedlijn voorkomen."

Joanne Harvell
Canyon Lake Aussies

Als je ruim voordat een nest klaar is om naar huis te gaan samenwerkt met een ervaren fokker, zullen ze vaak je puppy voor je kiezen, of je slechts enkele opties aanbieden om uit te kiezen – niet het hele nest! Hoewel veel mensen terugdeinzen bij dit idee, kennen fokkers hun puppy's het beste, en

Foto met dank aan
Julie Caywood

ze hebben ook tijd besteed om jou te leren kennen. Ze zijn erop gericht om de best mogelijke match tussen puppy en eigenaar te maken omdat ze willen dat je slaagt!

Als je enkele opties krijgt om uit te kiezen, denk dan na over hoe je ideale Aussie-puppy eruit zou zien. Veel mensen denken eerst aan kleur of geslacht, en hoewel fokkers daar meestal rekening mee proberen te houden, zijn er belangrijkere factoren die zouden moeten meewegen bij je beslissing. Hoe zou de persoonlijkheid van je ideale puppy zijn? Welk energieniveau zoek je? Wanneer je een nest bezoekt om een puppy uit te kiezen, zoek dan naar een zelfverzekerde puppy die bereid is om met je te interageren. Dit betekent niet per se dat je de meest actieve wildebras uit de groep moet kiezen! Puppy's die met angst reageren of je vermijden zijn over het algemeen niet de gemakkelijkste metgezellen. Vraag de fokker om de persoonlijkheid van elke puppy te beschrijven, en kies degene die het beste past bij je levensstijl en activiteitenniveau. Een minder zelfverzekerde, meer gereserveerde puppy kan een goede match zijn voor een gepensioneerd stel, maar een speelse, actieve, extraverte puppy past waarschijnlijk het beste bij een gezin met kinderen.

Er is weinig verschil tussen de geslachten als ze gesteriliseerd of gecastreerd zijn. Reuen zijn vaak wat langzamer in hun ontwikkeling, en hun castratie is minder invasief, goedkoper en geneest sneller dan de sterilisatie van een teef.

Soms hebben fokkers volwassen honden of oudere puppy's die ze hebben aangehouden, maar nu herplaatsen om ervoor te zorgen dat ze niet te veel honden houden. Als je geen tijd hebt om een puppy vanaf het begin goed op te voeden, is dit een geweldige optie! Deze honden zijn opgevoed door een Aussie-expert en hebben de best mogelijke start in het leven gekregen. Veel hebben aanzienlijke hoeveelheden training gehad en zijn gewend aan verzorging, reizen en meer. Ze hebben de rest van hun leven voor zich om met jou door te brengen, en al het harde werk is al gedaan. Veel fokkers adverteren niet openlijk met volwassen honden, dus het is de moeite waard om ernaar te informeren.

Meerdere puppy's uit hetzelfde nest opvoeden

Het opvoeden van twee puppy's is geen gemakkelijke taak. Veel fokkers aarzelen om twee puppy's uit hetzelfde nest naar hetzelfde huis te laten gaan omdat het een uitdaging kan zijn. Met wat extra tijd en moeite kan het echter goed gedaan worden. Idealiter is het het beste om een puppy van elk geslacht te kiezen, maar twee broers of zussen kunnen ook werken. Twee van hetzelfde geslacht hebben iets meer kans om te vechten naarmate ze dichter bij volwassenheid komen, dus duidelijke grenzen en vroege interventie wanneer problemen zich voordoen, kunnen helpen problemen in de toekomst te voorkomen. Twee puppy's wennen vaak veel sneller aan hun nieuwe huis en kunnen elkaar vermaken en helpen met beweging.

Een van de belangrijkste moeilijkheden bij het opvoeden van twee puppy's is ervoor zorgen dat elke hond één-op-één tijd krijgt. Na de eerste week thuis moeten ze apart in een bench worden geplaatst, zodat ze hun eigen ruimte hebben. Je moet extra tijd en moeite steken om ervoor te zorgen dat elke puppy uitstapjes maakt zonder zijn nestgenoot voor socialisatie. Ze hebben apart tijd nodig met het gezin en voor trainingssessies. Als de puppy's nooit gescheiden worden, kan dit ertoe leiden dat ze meer aan elkaar gehecht raken dan aan hun familie. Het later scheiden kan ernstige angst veroorzaken. Training kan ook langzamer gaan met twee puppy's. Twee puppy's betekenen ook dubbele kosten!

Overweeg zorgvuldig of je de tijd en middelen hebt om twee puppy's te jongleren voordat je beide mee naar huis neemt. Voor de meeste mensen is het het beste om te wachten tot de eerste puppy ouder is dan één jaar en volwassener is voordat je een tweede toevoegt.

Een Australian Shepherd adopteren

"Bij asielen is mijn grootste tip: zorg ervoor dat het een betrouwbaar asiel is en dat de hond lang genoeg in het asiel is geweest zodat ze je echt kunnen vertellen hoe de hond is. Sommige honden komen in het asiel terecht zonder enige voorgeschiedenis en de honden komen meestal NIET van verantwoordelijke/betrouwbare fokkers."

Melonie Eso
WCK Aussies

Een hond adopteren is een geweldige keuze. Lokale dierenasielen zijn een goede plek om je zoektocht te beginnen. Je moet echter misschien een tijdje wachten tot er een Aussie binnenkomt als je in een gebied met een lagere bevolkingsdichtheid woont. Een tweede optie zou een asiel zijn dat gespecialiseerd is in Aussies of herdershonden. Dit is een geweldige keuze als je op zoek bent naar iets heel specifieks, omdat asielen vaak gastgezinnen klaar hebben staan en meer tijd nemen om de hond te leren kennen, evenals het vinden van de juiste plaatsing voor hen. Veel door gemeenten of steden beheerde asielen hebben zeer beperkte ruimte en middelen, en zijn uit noodzaak meer bezig met het plaatsen van honden dan met het vinden van de "perfecte match".

Pas op voor asielfraude. Helaas, met de druk om huisdieren te adopteren, spelen oplichters in op de gevoelens van mensen en halen puppy's uit puppyfabrieken die ze labelen als "geredde dieren", om ze vervolgens door te verkopen. Vermijd "asielen" die bijna uitsluitend puppy's hebben, regi-

stratiepapieren voor de puppy's aanbieden, of van plaats naar plaats reizen. Wanneer iemand puppy's koopt van een puppyfabriek, moedigt dit de
fabriek alleen maar aan om meer puppy's te produceren. Hoewel het moeilijk is om weg te lopen van deze situaties, is het doorbreken van de cyclus de
enige manier om het te stoppen.

Neem bij het kiezen van een Aussie uit een asiel de tijd. Hoewel het
moeilijk is om niet de eerste beschikbare Aussie te willen redden die langs-
komt, is het het beste om er een te kiezen die bij je gezin en levensstijl past.
Kan de hond overweg met andere honden of huisdieren, als je die hebt?
Heb je kinderen, en zo ja, zou deze hond een veilige en gelukkige aanvulling
zijn voor je gezin? Heeft deze Aussie doorlopende medische behoeften, en
kun je het je veroorloven om deze te dekken? Zijn er gedragsproblemen die
moeten worden aangepakt, en zo ja, ben je bereid om de tijd en moeite te
investeren om die gedragingen te corrigeren? De meeste Aussies in asielen
zijn geweldige honden die gewoon een slechte hand zijn toebedeeld of wat
training nodig hebben om geweldige metgezellen te worden.

Het kiezen van de perfecte Aussie voor je huis kost veel tijd en gedachten. De juiste keuze maken zorgt echter voor vele jaren van vreugde voor
jou, je gezin en je nieuwe Aussie.

*Foto met dank aan
Charles Donald Sinden Jr
Sinded Aussies*

HOOFDSTUK 3
Je Huis Voorbereiden op Je Australian Shepherd

"Ik raad aan om je huis 'kindveilig' te maken. Puppy's zijn dol op snoeren, vooral die van opladers. Trap-openingen moeten worden afgesloten. Stopcontacten afgedekt. Alles wat je voor een peuter zou doen, doe je ook voor je nieuwe puppy."

Francine Guerra
Alias Aussies

Foto met dank aan
Amanda Gabriel

Foto met dank aan
Rebecca Swyers

"Koop een bench voor momenten waarop je geen toezicht kunt houden, verwijder snoeren en alle meubels/schoenen waar je waarde aan hecht."

Allison Lutterman
DreamWinds Aussies

Je hebt de perfecte Aussie voor je gezin gevonden en de dag dat je hem thuis mag brengen komt steeds dichterbij. Er komen grote veranderingen aan voor jou, je gezin, eventuele andere huisdieren en je nieuwe hond. Een goede voorbereiding kan de aanpassing een stuk gemakkelijker maken! Neem de tijd om door je huis, tuin en andere ruimtes te lopen die niet gewend zijn aan een hond of een nieuwe puppy, en let op plekken met veiligheidsrisico's. Ook voor kinderen en andere huisdieren moeten grenzen worden gesteld. Met een beetje werk ben je klaar om je nieuwe Aussie in de familie te verwelkomen!

Gevaarlijke Dingen Die Honden Kunnen Eten

Honden, en vooral puppy's, verkennen de wereld graag met hun bek. Veel spoedbezoeken aan de dierenarts kunnen worden voorkomen door vooraf wat voorzorgsmaatregelen te nemen. Gevaarlijke dingen die honden inslikken zijn onder andere giftig menselijk voedsel, giftige planten, chemicaliën, medicijnen voor mensen en onverteerbare voorwerpen die darmverstoppingen veroorzaken.

Menselijk voedsel dat giftig is voor honden:

- Druiven en rozijnen
- Chocolade
- Avocado's
- Uien
- Knoflook
- Fruitklokhuizen
- Verse gist (zoals in brooddeeg)
- Cafeïne en alcohol
- Grote hoeveelheden vetrijk voedsel (zoals kaas, knakworsten, enz.)
- Suikervrije producten met Xylitol (snoep, kauwgom)

Foto met dank aan Mikala Kempkers

Geef je hond geen etensresten, bewaar voedingsmiddelen buiten bereik en zorg dat de keukenafvalbak een goed sluitende deksel heeft of in een afgesloten voorraadkast staat. Zo voorkom je dat je hond bij deze giftige zaken kan komen.

Er zijn talloze giftige planten. Houd kamerplanten buiten het bereik van je Aussie of plaats ze in een kamer waar ze niet kunnen komen. De meest voorkomende kamerplanten die problemen veroorzaken zijn:

- Ivy
- Jade
- Sagopalmvaren
- Olifantsoor
- Dracaena
- Pothos
- Philodendron
- Dieffenbachia

- Enkele veelvoorkomende giftige tuin- of landschapsplanten zijn:
- Vingerhoedskruid
- Lelietje-van-dalen
- Narcissen
- Yew
- Hortensia
- Hulst

Er zijn nog veel meer planten die spijsverteringsproblemen of andere toxische reacties kunnen veroorzaken. Onderzoek welke planten je in je tuin hebt en overleg met je dierenarts over de giftigheid als je twijfelt. Overweeg om giftige planten te verplaatsen of te vervangen, of plaats er een stevige afscheiding omheen.

De meest voorkomende chemicaliën die door honden worden ingeslikt zijn veruit antivries en rattengif. Vermijd indien mogelijk het gebruik van gif om knaagdieren te bestrijden en controleer regelmatig op lekkages op plekken waar voertuigen geparkeerd staan. Vermijd het gebruik van pesticiden of onkruidverdelgers in de buurt van plekken waar je hond ermee in contact kan komen. Ze worden vaak blootgesteld door behandelde gebieden te betreden en vervolgens hun poten te likken. Zorg ervoor dat schoonmaakmiddelen die binnenshuis worden gebruikt volledig zijn opgedroogd voordat je hond in die ruimtes wordt toegelaten. Verpakking moeten altijd in een afgesloten kast worden bewaard. Laat nooit verpakkingen met chemicaliën staan op plekken waar je hond bij kan komen!

Je moet je hond nooit medicijnen voor mensen geven zonder goedkeuring van de dierenarts. Bepaalde medicijnen - zelfs vrij verkrijgbare pijnstillers of vitamines - kunnen ernstige maagzweren, orgaanfalen of de dood veroorzaken. Bewaar medicijnen in laden of kasten die goed buiten het bereik van je hond zijn om onbedoelde inname te voorkomen.

*Foto met dank aan
Sheila Rankin*

Onverteerbare voorwerpen die darmverstoppingen veroorzaken en vaak operatief moeten worden verwijderd, zijn waarschijnlijk de meest voorkomende gevaarlijke dingen die honden eten. Ook verstikkingsgevaar is een punt van zorg. Voorkom deze problemen door regelmatig door het huis en de tuin te lopen en voorwerpen op te ruimen die je hond zou kunnen proberen in te slikken. Sokken, decoratieve tuinsteentjes en stukjes van hun eigen speelgoed of kinderspeelgoed zijn enkele van de meest voorkomende boosdoeners.

Andere Gevaren in Huis

Andere zaken die een bedreiging kunnen vormen voor de veiligheid van je Aussie zijn elektrische snoeren, afval, zwembaden en toiletten. Verberg of verwijder zorgvuldig alle blootliggende elektrische draden of kabels om verbrandings- of elektrocutierisico's te voorkomen. Zwembaden moeten worden omheind of zich bevinden in een gebied dat ontoegankelijk is voor je hond. De meeste honden zijn uitstekende zwemmers, maar als je Aussie moeite heeft om uit het zwembad te komen, kan dit verdrinkingsgevaar opleveren; vooral voor jonge puppy's. Houd het toiletdeksel altijd gesloten. Niemand wil dat een hond uit het toilet drinkt, en als je reinigingstabletten in het reservoir gebruikt, kan dat zelfs erg giftig zijn.

Een Ruimte voor Je Hond Binnenshuis Voorbereiden

Honden hebben een veilige en comfortabele plek nodig waar ze zich thuis voelen en lekker kunnen ontspannen. Benches zijn hier perfect voor, evenals voor het veilig houden van je hond en het helpen bij zindelijkheidstraining. Kies een of twee locaties om een bench te plaatsen, bij voorkeur in een rustig gebied uit de weg. Een slaapkamer kan een goede keuze zijn. Zodra je Aussie leert dat de bench zijn eigen veilige ruimte is, zal hij er vaak uit eigen beweging in gaan dutten of zich erin terugtrekken.

Het is verstandig om de toegang tot bepaalde delen van het huis soms te beperken, vooral voor jonge puppy's die graag rondsnuffelen of nog bezig zijn met zindelijkheidstraining. Baby- of huisdierpoortjes zijn een gemakkelijke, goedkope manier om dit te bereiken. Deuren kunnen worden gebruikt, maar kunnen makkelijk per ongeluk open blijven staan bij veelvoudig gebruik. Als het gezin in de woonkamer is, kun je andere delen van het huis afsluiten om ze bij je in de buurt en uit de problemen te houden, enzovoort.

*Foto met dank aan
Reese Slater*

Heel jonge puppy's kunnen hun darmen en blaas niet langer dan een paar uur ophouden. Afhankelijk van hoe vaak je de puppy naar buiten kunt laten plassen, kun je overwegen een klein hek neer te zetten of de puppy in de badkamer af te sluiten in plaats van een bench te gebruiken. Plaats een paar plasmatjes aan één kant van de ruimte en zorg ervoor dat de puppy een paar speeltjes heeft om mee te spelen. Als je fokker je puppy heeft grootgebracht met een kattenbak gevuld met houtpellets, zal dit ook heel goed werken. De volledige zindelijkheidstraining zal met deze methode waarschijnlijk iets langer duren, maar het is haalbaar. Je wilt nooit cat een puppy gedwongen wordt om zijn bench of ergens anders in huis te bevuilen!

Buitenruimtes Voorbereiden

Tuinen geven je Aussie een handige plek om zijn behoefte te doen en te bewegen. Als het gebied kleiner is dan 6x6 meter, heb je waarschijnlijk niet genoeg ruimte om je hond echt energie te laten verbranden en zul je moeten overwegen om te wandelen of te joggen om hem fit te houden. Hondenurine kan het gras na verloop van tijd verbranden, dus je kunt je Aussie leren om in één hoek van de tuin te gaan om de schade te beperken en het gras daar vaker water te geven.

Een van de belangrijkste onderdelen van een veilige buitenruimte voor je Aussie is een goede omheining. Gaashekken, houten panelen, spijlenhekken of privacyhekken zouden voldoende moeten zijn. Ze moeten minstens 120 cm hoog zijn. Sommige Aussies kunnen gemakkelijk over hekken van 120 cm springen of klimmen, dus houd hier rekening mee. Met toezicht en wat training, indien nodig, zal het voor de meeste honden werken. Controleer op gaten waar je Aussie doorheen zou kunnen glippen of onderdoor zou kunnen kruipen. Zorg ervoor dat poorten goed kunnen worden vergrendeld en nooit open blijven staan. Vermijd onzichtbare hekken die een ingegraven draad en een elektronische halsband gebruiken om je hond te trainen. Hoewel sommige eigenaren zweren bij deze hekken en erin geslaagd zijn om incidenten te voorkomen, zijn deze hekken extreem onbetrouwbaar. Veel honden zijn kwijtgeraakt, gewond geraakt of zelfs omgekomen door storingen in onzichtbare hekken. Veel Aussies zijn slim genoeg om te ontdekken dat de correctie van de halsband stopt zodra ze over de lijn rennen. Het kan slechts één fout kosten voor een tragisch ongeluk.

Buitenverblijven zoals hondenhokken zijn niet nodig als je Aussie het grootste deel van zijn tijd binnenshuis bij het gezin doorbrengt. Wat schaduw van een boom of luifel wordt gewaardeerd op hete zomerdagen terwijl ze buiten spelen en bewegen. Het vastketenen van je Aussie is nooit een goed idee – er is een groot risico op wurging of verstrengeling, en als je geen omheining hebt, heeft je hond geen manier om zichzelf te beschermen tegen kwaadwillende mensen en vreemde honden.

Als je in een klimaat woont waar je sneeuw of ijs krijgt en zout moet gebruiken om trappen en paden vrij te maken, zorg er dan voor dat je huisdiervriendelijk zout gebruikt. Gewoon strooizout kan de voetzolen van je Aussie verbranden of irriteren en kan giftig zijn bij inslikken. Als je met je

Aussie langs de weg wandelt of jogt, overweeg dan om hondenlaarsjes aan zijn poten te doen of pootjeswax te gebruiken, en zorg ervoor dat je ze wast als je terugkomt.

Kinderen en Je Huidige Huisdieren Voorbereiden

"Het drijfinstinct kan moeilijk te hanteren zijn, vooral rond kinderen. Het instinct is om alles wat beweegt te achtervolgen en bijten kan onderdeel zijn van dit gedrag. Kinderen moeten leren om stil te staan, of als een standbeeld te staan wanneer het drijfinstinct opkomt. Soms is het het beste om de hond even apart te zetten wanneer er veel prikkels zijn voor dit gedrag. Omleiding naar een speeltje kan ook nuttig zijn, net als het trainen van impulsbeheersing."

Gayle Silberhorn
Big Run Aussies

Het is geweldig om een band te zien ontstaan tussen kinderen en de gezinshond. Je kunt deze band helpen versterken en ongelukken voorkomen door enkele basisregels voor je kinderen op te stellen. Geef je Aussie een eigen ruimte – idealiter een bench – en zorg ervoor dat je kinderen weten dat dit gebied voor hen verboden terrein is. Op deze manier heeft je Aussie een plek om zich terug te trekken en te ontspannen wanneer nodig, zonder gestoord te worden. Kinderen moet ook worden geleerd om nooit, maar dan ook nooit aan de oren, vacht of lippen van je Aussie te trekken, op hem te klimmen, aan hem te hangen of hem te slaan. Er moet een absoluut zero-tolerancebeleid zijn dat begrepen wordt voordat je je Aussie ooit thuisbrengt. Van je hond verwachten dat hij dit soort gedrag van kinderen tolereert, is volkomen oneerlijk en vragen om een beet. Het is niet schattig en het is niet acceptabel. Niemand vindt het leuk als zijn ruimte wordt binnengedrongen of als speelgoed of boksbal te worden gebruikt! Kinderen moeten ook worden betrokken bij de verzorging en training van je Aussie. Dit leert hen verantwoordelijkheid en zal de band tussen hen verdiepen.

Als je al een andere hond in huis hebt, zorg er dan voor dat er geen ernstige gedragsproblemen zijn die onopgelost blijven voordat je een nieuwe hond in huis haalt. Je nieuwe Aussie kan en zal waarschijnlijk slechte gewoonten overnemen van je huidige hond - dan heb je dubbel zoveel problemen. Zorg er ook voor dat je huidige hond een eigen bench of bed heeft en een plek om zich terug te trekken van een nieuwe puppy, vooral als je huidige hond al wat ouder is. Een jonge puppy kan overweldigend zijn voor een oudere hond. Ze zullen allebei gelukkiger zijn als ze toegang hebben tot hun eigen ruimtes!

De meeste katten hebben tijd nodig om te wennen aan een nieuwe toevoeging - soms zelfs maanden. Voordat je je nieuwe Aussie thuisbrengt, zorg je ervoor dat je katten een veilige, hoge plek hebben waar ze gemakkelijk kunnen komen, zoals een kattenboom of iets dergelijks. Dit is vooral handig als het zich bevindt in het drukste deel van het huis, vlak bij een afgesloten deur. Zo kan je kat veilig naar zijn eigen plek zonder een hele kamer te hoeven doorkruisen, terwijl hij de nieuwkomer rustig kan observeren. Houd kattenbakken en de voerbak van je kat op een plek waarvan je absoluut zeker weet dat je Aussie er niet bij kan.

Foto met dank aan Pam Brauer

Kleine knaagdieren, vogels en exotische dieren kun je voor de veiligheid het beste gescheiden houden van je Aussie. Aussies zullen meestal niet proberen om kleine dieren opzettelijk pijn te doen, maar ze zijn kwetsbaar en zelfs speelse gebaren kunnen per ongeluk schade veroorzaken. Zorg ervoor dat hun voer en beddengoed worden bewaard in honddichte bakken en houd hun kooien of verblijven buiten het bereik van je Aussie.

Aandacht voor detail is de sleutel om van je huis een veilige en gastvrije plek te maken voor je nieuwe bewoner. Vooraf goed voorbereid zijn zal deze overgang gemakkelijker maken voor je Aussie en je gezin! Nu ben je bijna klaar om hem thuis te brengen.

HOOFDSTUK 4
Je Australian Shepherd Mee naar Huis Nemen

"Koop een bench voor benchtraining, een ren om hun bewegingsvrijheid te beperken, voldoende speelgoed, beloningssnacks voor de training en kwalitatief goed hondenvoer. Plan om deel te nemen aan een puppycursus."

Joanne Harvell
Canyon Lake Aussies

De dag waar je op hebt gewacht komt eindelijk dichterbij - je hebt een datum gepland om je Aussie mee naar huis te nemen! Nu is het tijd om de laatste voorbereidingen te treffen. Dit betekent dat je een vaste routine moet hebben (vooral voor puppy's), de laatste benodigdheden moet verzamelen, een dierenarts moet kiezen en de eerste afspraak moet ma-

Foto met dank aan
Kayla Spangler

Foto met dank aan
Josh Tuggle

ken. Deze laatste dagen zijn vol opwinding en verwachting die het uitbreiden van je gezin met zich meebrengt!

Het Belang van een Plan Hebben

"Iedereen in huis moet weten wat de regels gaan zijn voor de hond en deze regels ook naleven. De regels die in het huishouden worden vastgesteld, moeten dezelfde regels zijn terwijl de hond opgroeit. Denk dus aan deze regels alsof ze voor een volwassen hond zijn, en niet alleen voor een puppy."

Heidi Mobley
Western Hills Australian Shepherds

Een vast plan of routine hebben voordat je je Aussie mee naar huis neemt, zal hem helpen om zich sneller aan te passen aan zijn nieuwe leven bij jou. Honden zijn gewoontedieren en gedijen op een schema. Kies elke dag een vast tijdstip voor de maaltijden - dit maakt zindelijkheidstraining voor puppy's aanzienlijk eenvoudiger omdat je weet wanneer ze naar buiten moeten. Wie in het gezin gaat je Aussie voeren? Door deze taak toe te wijzen, voorkom je dat maaltijden per ongeluk worden overgeslagen of dubbel worden gegeven. Dit is een geweldige taak voor oudere kinderen om verantwoordelijkheid te leren en een band op te bouwen met jullie nieuwe aanwinst.

Plaspauzes moeten in ieder geval altijd worden ingepland na de maaltijden, 's ochtends vroeg en voor het slapengaan. Puppy's hebben vaker pauzes nodig. Moet iemand de eerste weken thuis langskomen om de puppy uit te laten totdat hij ouder is? Denk ook na over wat er gebeurt als er een noodgeval is. Wie is er verantwoordelijk voor het uitlaten en verzorgen van je Aussie? Heb je een betrouwbare vriend of buur die bereid en voorbereid is om indien nodig te helpen?

Benodigdheden die Je Klaar Moet Hebben

"Als je een puppy in huis neemt, zul je merken dat ze erg trots zijn op hun tanden en deze soms op ongepaste momenten gebruiken. Dit betekent niet dat je puppy als volwassene agressief zal bijten. Het betekent alleen dat het ras van nature een functie heeft ontwikkeld voor hun beet tijdens het hoeden, en dat het normaal is dat ze die vaardigheid al op jonge leeftijd beginnen te oefenen. "

Tina Beck
Goldcrest Aussies

Winkelen voor huisdierbenodigdheden is ontzettend leuk! Hier is een lijst met dingen die je waarschijnlijk nodig hebt:

- Bench - 90 cm draadkooi met een tussenschot is ideaal
- Groot hondenbed, bij voorkeur wasbaar en gemaakt van duurzame materialen
- Nylon of leren platte halsband met gesp en 1,8 meter lange lijn
- Een grote verscheidenheid aan veilig, duurzaam en geschikt speelgoed
- Voer- en waterbakken

Foto met dank aan Amanda Bocek

- Hondenvoer - zorg ervoor dat je hetzelfde merk koopt als wat ze nu eten, of een kleine zak van hun huidige voer om geleidelijk over te schakelen naar jouw gekozen voer
- Benodigdheden voor afvalverwerking, zoals poepzakjes
- Reinigingsmiddelen voor vlekken in geval van ongelukjes
- Metalen penborstel, ondervachtkam, nagelknipper voor huisdieren en hondenshampoo voor de verzorging

Bij het aanschaffen van spullen voor je nieuwe Aussie moet je kwaliteit en veiligheid in gedachten houden. Een hondenbed van tien euro overleeft puppytanden waarschijnlijk niet, maar een wat duurder, wasbaar model dat speciaal is gemaakt om tegen kauwen te kunnen, wél! We houden allemaal van een goede deal, maar soms is een lage prijs te mooi om waar te zijn en dan gooi je alleen maar geld weg.

Vooral speelgoed moet van goede kwaliteit zijn. Kies verschillende soorten - rubber, nylon en denim bijvoorbeeld zijn over het algemeen stevig en goed gemaakt. Kies speelgoed dat niet makkelijk kan worden verscheurd of ingeslikt, en groot genoeg is om verstikkingsgevaar te voorkomen — speeltjes in de maat "medium" tot "groot" werken meestal goed. Vermijd gekookte of gerookte botten, omdat deze vaak kunnen splinteren en ernstige spijsverteringsproblemen of verstoppingen kunnen veroorzaken. Vermijd ook rawhide kluiven, die gemaakt zijn met chemicaliën die schadelijk kunnen zijn voor je Aussie en bij het eten vaak maagklachten kunnen veroorzaken.

Je kunt vaak voor een goede prijs benches vinden die tweedehands worden aangeboden op verkoopsites of bij garageverkopen. Zorg ervoor dat de bench in goede staat is, een onbeschadigde bodem of lade heeft, en bij voorkeur een tussenschot zodat je kleiner kunt beginnen voor een puppy en de ruimte kunt vergroten naarmate je hond groeit!

De Rit naar Huis

De grote dag is aangebroken! Of je Aussie nu dichtbij is, een roadtrip verwijderd, of een vliegreis weg, er zijn dingen die je kunt doen om de hond voor te bereiden. Om te beginnen, zorg ervoor dat je voldoende plaspauzes plant voor autoritten van meer dan een uur. Jonge puppy's hebben misschien elke paar uur pauzes nodig. Meestal vallen ze na een tijdje in slaap, maar als ze wakker worden - stop dan! Heb voldoende schoonmaakspullen bij de hand, waaronder keukenpapier, vlekkenverwijderaar voor huisdieren en zakjes voor afvalverwerking. Vraag de fokker of het asiel idealiter om je Aussie

Foto met dank aan
Kayla Guzman

niet te voeren binnen 2 uur voordat je hem ophaalt. Dit minimaliseert het risico op wagenziekte of ongelukjes tijdens de rit naar huis. Neem wel water en een drinkbak mee, maar bied dit alleen aan tijdens een rustpauze, en geef je Aussie minstens 20 minuten de tijd om zijn behoefte te doen na het drinken voordat je weer vertrekt.

De veiligste plek voor je hond om te reizen is in een bench; honden worden vaak uit voertuigen geslingerd bij auto-ongelukken omdat ze los zitten en niets hebben om hun momentum te stoppen. Je bench moet net genoeg ruimte bieden zodat je Aussie zich comfortabel kan omdraaien en neerliggen, niet meer. Je kunt de bench bekleden met absorberende handdoeken en er een paar speeltjes in leggen om de hond bezig te houden.

Soms kan het nodig zijn om je Aussie naar je toe te laten vliegen. De fokker of het asiel regelt over het algemeen alles, koopt het vliegticket en de bench namens jou, en verkrijgt de nodige gezondheidspapieren. Wanneer je je Aussie ophaalt op het vliegveld, moet je meestal je identiteit bewijzen en papierwerk ondertekenen dat door de luchtvaartmaatschappij wordt verstrekt. Zodra je je hond ontvangt, neem hem mee naar buiten voor een plaspauze en bied hem wat water aan. Vliegen kan soms een beetje stressvol zijn, dus je Aussie kan in het begin onzeker reageren. Spreek zachtjes tegen hem terwijl hij zich aanpast na de vlucht en wees geduldig. De meesten zullen snel opwarmen, en sommigen zullen er moeiteloos mee omgaan!

De Eerste Nacht Thuis

"Puppy's testen hun nieuwe omgeving en grenzen uit door te kauwen, krabben, trekken en graven. Alles is potentieel eetbaar. Alles is potentieel bereikbaar. Hoe slimmer de puppy, hoe meer problemen de puppy potentieel kan veroorzaken. Laat hun geest en lichaam zoveel mogelijk bewegen."

Francine Guerra
Alias Aussies

De eerste nacht kan soms het moeilijkst zijn. Waarschijnlijk is iedereen in het gezin erg opgewonden, maar probeer je nieuwe Aussie niet te overweldigen. Herinner kinderen eraan om rustig en zachtaardig met hem om te gaan.

Vermijd het om je Aussie de eerste nacht al aan nieuwe huisdieren voor te stellen. Het is beter om hem wat tijd te geven om zich aan zijn nieuwe thuis aan te passen. Sommigen lijken in het begin misschien niet erg geïnteresseerd in je – neem dat niet persoonlijk. Ze proberen nog te begrijpen wat er allemaal met hun wereld is gebeurd. Nieuwe aankomsten zijn de eerste dagen vaak wat terughoudend, en dat is heel normaal. Vanaf de allereerste nacht moet je Aussie in zijn bench slapen, want dat is "zijn plek", zijn bed. Puppy's zullen de eerste nacht vaak huilen, vooral als ze niet gewend zijn aan een bench. Blijf standvastig. Als je hem eruit laat telkens wanneer hij huilt, zal je puppy snel leren dat schreeuwen om drie uur 's nachts wordt beloond. Puppy's jonger dan 12 weken zullen echter meestal 's nachts een keer naar buiten moeten. Als je puppy je wakker maakt nadat hij een paar uur rustig heeft geslapen, neem hem dan mee naar buiten. Laat hem zijn behoefte doen, maar speel niet met hem. Zodra hij klaar is, moet hij terug in zijn bench worden geplaatst. Hij zal waarschijnlijk een tijdje huilen voordat hij eindelijk weer in slaap valt. Puppy's gedijen op consistentie, en als je vanaf het begin consequent en standvastig bent, zal deze fase snel voorbijgaan.

Onthoud om je geplande routine vanaf de allereerste nacht te volgen. Dit zal je Aussie enorm helpen om zich aan te passen aan je huis en gezin. Als je een aanpassing aan de routine moet maken, is dat oké! Houd je gewoon aan eventuele wijzigingen en blijf consequent.

Je Australian Shepherd Voorstellen aan Je Andere Huisdieren

Het voorstellen van je Aussie aan de andere harige gezinsleden moet op een gestructureerde manier gebeuren om iedereen een goede start te geven. Als je meer dan één andere hond hebt, stel ze dan één voor één voor aan je Aussie. Introducties moeten plaatsvinden in een open, neutrale ruimte. Gangen zijn bijvoorbeeld een krappe ruimte die dieren het gevoel kan geven dat ze opgesloten zitten. Een woonkamer of tuin zijn ideaal. Er mag geen voedsel of speelgoed aanwezig zijn, omdat sommige honden zich bedreigd en bezitterig kunnen voelen.

Als de ene hond zeer uitbundig is en de andere niet, zet die hond dan aan de lijn. Laat de honden elkaar rustig ontmoeten en let op hun lichaamstaal. Snuffelen, een ontspannen uitdrukking, snel kwispelen en speelbogen zijn allemaal uitstekende tekens. Stijve lichamen, gapen, lippen likken en haar dat langs hun rug overeind staat, zijn een teken dat er spanning ontstaat en de honden een tijdje gescheiden moeten worden. Puppy's zullen vaak de kin van volwassen honden likken en eraan knabbelen, of op hun rug rollen, wat volkomen normaal is. Als de volwassen hond naar de puppy gromt of snauwt en stopt zodra de puppy terugdeinst, corrigeer of berisp dit gedrag dan niet. Dit is hoe de oudere hond de puppy leert om respectvol te zijn. Daadwerkelijk bijten, of blijven grommen of de puppy "neerleggen" zelfs wanneer hij zich heeft teruggetrokken of op zijn rug is gerold, moet onmiddellijk worden gestopt. Grijp in door de oudere hond bij de halsband te pakken met een ferme maar kalme "Nee!", en haal hem weg bij de puppy.

Als de introducties een moeizame start hebben, geef dan niet op. Door een echte ruzie te voorkomen en de honden de tijd te geven om in elkaars buurt te zijn – ook als ze niet met elkaar omgaan – verdwijnen spanningen meestal vanzelf. Probeer de honden een paar keer per dag in elkaars buurt te laten lopen, maar niet dicht genoeg om elkaar aan te raken. Je kunt ook een hekje plaatsen tussen twee kamers met een hond in elke kamer, zodat ze elkaar kunnen zien en zelfs enigszins met elkaar kunnen omgaan, maar zich gemakkelijk kunnen terugtrekken als ze dat willen. Als je Aussie na 10-14 dagen nog niet volledig geïntegreerd is in het huishouden met je ander honden, neem dan contact op met een dierengedragsdeskundige.

Geef je Aussie en je andere hond of honden in het begin tijd weg van elkaar, zelfs als de introducties goed zijn verlopen. Vooral als je andere hond op leeftijd is. Een puppy kan in het begin stressvol zijn voor een oudere hond, en die zal wat tijd weg van puppystreken waarderen! Je kunt dit bereiken door de uitlaattijd van elke hond gedurende de dag af te wisselen, waarbij de een in zijn bench zit met een speciaal speeltje of traktatie terwijl de ander buiten is.

Foto met dank aan Hunter B. Martin

Aussies kunnen over het algemeen goed overweg met katten, maar dat gevoel is niet altijd wederzijds! Forceer nooit een interactie tussen je Aussie en je kat. Dit zal waarschijnlijk veel stress veroorzaken voor je kat en kan hen snel op de verkeerde voet zetten. Geef je kat de ruimte om vanaf een afstand te observeren en je Aussie op eigen voorwaarden te begroeten. Als je Aussie probeert de kat achterna te zitten of erop te springen, geef dan een ferme maar kalme "Nee!" of "Ah-ah!", pak hem bij de halsband en loop weg van de kat. Leid de hond in plaats daarvan af naar een speeltje, en beloon hem met een traktatie of een klein spelletje trekken wanneer hij de kat met rust laat.

Een Dierenarts Kiezen en het Eerste Bezoek

Het kiezen van een betrouwbare dierenkliniek is een uiterst belangrijke stap om je Aussie voor te bereiden op een leven lang goede gezondheid. Vraag rond om te zien wie anderen in jouw omgeving aanbevelen. Wees niet bang om te bellen en vragen te stellen, of om de kliniek persoonlijk te bezoeken voordat je je Aussie meeneemt. De kliniek moet schoon en goed beheerd zijn. De wachtkamer mag niet overvol zijn, en wachttijden om de dierenarts te zien mogen niet meer dan 15-20 minuten vanaf je afspraaktijd zijn. Tenzij er een spoedpatiënt naar de kliniek is gebracht.

Bij het kiezen van een dierenarts om mee samen te werken, moeten ze idealiter bereid zijn om je vragen geduldig en grondig te beantwoorden. Ze moeten vriendelijk en zachtaardig zijn met je hond. Hoewel de overgrote meerderheid van dierenartsen in hun vakgebied zit omdat ze houden van wat ze doen en het beste met je Aussie voor hebben, zijn sommige klinieken meer winstgericht. Onthoud dat jij de pleitbezorger van je hond bent. Jij bent degene die uiteindelijk moet beslissen wat het beste voor hem is. Het is in het belang van je hond dat je een geïnformeerde, actieve deelnemer bent aan het gezondheidszorgplan van je hond.

Vergeet niet om respectvol te zijn voor de tijd en expertise van je dierenarts. Kom op tijd op je afspraken, bedank hen voor hun diensten en betaal zonder te mopperen. Veel klinieken bieden enkele van dezelfde medische tests en procedures aan die menselijke ziekenhuizen doen. Deze apparatuur is extreem duur om aan te schaffen en te onderhouden, maar dierenklinieken rekenen slechts een fractie van wat menselijke ziekenhuizen doen. Ga er niet vanuit dat je dierenarts je wil beroven.

Je eerste bezoek aan de dierenarts moet idealiter een paar weken voor de komst van je Aussie worden gepland. Maak de afspraak ongeveer 48 uur nadat je de hond mee naar huis neemt. De meeste fokkers bieden een kortetermijngarantie op de algemene gezondheid. Als je Aussie ziek wordt voordat hij bij jou komt, is het belangrijk dat goed te documenteren om aanspraak te kunnen maken op die garantie. Neem alle diergeneeskundige dossiers mee naar de kliniek.

Neem bij de afspraak een paar kleine traktaties mee om de ervaring aangenaam te maken voor je Aussie, vooral voor puppy's. Houd je Aussie aan de lijn en dicht bij je; veel honden zijn niet enthousiast over bezoeken aan de dierenarts, dus dit is niet het moment voor kennismakingen met andere honden. De receptioniste zal je meestal vragen om je hond te wegen, je wacht een paar minuten, dan word je naar een onderzoekskamer geroepen. Je krijgt vragen over de huidige gezondheidstoestand van je Aussie en wat je hem te eten geeft. Net als veel andere herdershonden kan je Aussie gevoelig zijn voor Ivermectine en bepaalde andere medicijnen, dus zorg ervoor dat je de dierenarts hierover informeert. Na dit alles, en meestal nog een korte wachttijd, zal de dierenarts je zien. De ogen, oren, tanden, geslachtsdelen en buik van je hond zullen worden onderzocht en zijn temperatuur zal worden opgenomen. Hij kan ook de nodige basisvaccinaties krijgen. Dit is een goed moment om eventuele vragen te stellen aan je dierenarts!

Puppycursussen

"Ik vraag mensen om van hondentraining hun hobby te maken, omdat een instructeur die bekend is met herdersrassen de lichaamstaal van de hond kan herkennen en de eigenaar kan begeleiden op een pad naar succes. De tijd en het geld dat wordt besteed aan trainingslessen zal een van je beste investeringen zijn."

Tina Beck
Goldcrest Aussies

Puppygehoorzaamheidscursussen zijn een fantastische, leuke manier om een band op te bouwen met je Aussie-puppy en hem manieren te leren. Begin zo snel mogelijk met je puppy aan een cursus en met training in het algemeen. Wacht nooit tot je puppy ouder is! Tegen de tijd dat hij zes maanden of ouder is, zal dit gedrag een vast patroon zijn geworden, vooral als wangedrag en kattenkwaad zo lang zijn toegestaan. Begin je Aussie te leren wanneer hij nog een kleine spons is, niet een koppige, wilde tiener die maandenlang met ondeugendheid is weggekomen!

Neem contact op met de lokale kennelclub in jouw omgeving om te zien wanneer hun volgende puppycursus is gepland. Meestal worden deze eenmaal per week gehouden en duren ze vier tot acht weken. Vraag hoe lang de instructeur al lesgeeft en wat hun ervaring met honden is geweest. Lessen moeten ontspannen, informatief en gestructureerd zijn. Ze moeten basissocialisatie bespreken, je leren hoe je de basisgehoorzaamheidstraining van je puppy kunt beginnen, en advies geven voor manieren-training of wangedrag. Aussies in het algemeen, en puppy's in het bijzonder, hebben het meeste succes met training gebaseerd op positieve bekrachtiging. Deze methode gebruikt traktaties, lof en speelgoed om je hond te belonen voor een goed uitgevoerde taak, in tegenstelling tot correctie-gebaseerde training die kracht of straf gebruikt wanneer ze iets verkeerd doen.

Je zult elke week tijd moeten vrijmaken om je puppy tussen de lessen door te trainen. Meestal beginnen instructeurs de les met een evaluatie van de afgelopen week om te zien of je vooruitgang boekt en om eventuele problemen te bespreken. Hoewel het grootste deel van de training thuis wordt gedaan, zal de feedback die je elke week in de les krijgt van een ervaren trainer een zeer waardevolle hulp zijn om je te he pen slagen met je puppy!

Je Aussie verwelkomen is een bijzondere en spannende tijd voor je gezin, en voorbereid zijn zal het ook een goede ervaring maken voor je Aussie! Houd je aan je routine, vind een geweldige dierenarts en trainingscursus, en neem voldoende tijd om te genieten van je nieuwe gezinslid en een band met hem op te bouwen!

HOOFDSTUK 5
Zindelijkheidstraining

Zindelijkheidstraining is waarschijnlijk het minst opwindende onderdeel van het hebben van een hond, maar wel een van de belangrijkste. Er is niets frustrerender dan je huis als toilet gebruikt te zien worden! Veel honden worden afgestaan aan een asiel omdat hun eigenaren hen niet goed zindelijk hebben gemaakt. Voorkom problemen door meteen vanaf het begin de juiste aanpak te kiezen!

Opties voor Zindelijkheidstraining

Er zijn verschillende opties voor zindelijkheidstraining. De eerste, en meest voorkomende, is om je Aussie te leren dat hij buiten zijn behoefte moet doen. Dit vereist dat je ervoor zorgt dat hij vaak genoeg naar buiten gaat, zodat hij geen kans krijgt om een ongelukje in huis te hebben. De meeste honden kunnen vrij snel het verband leggen als je consequent en oplettend bent. Meestal is een grasveld in een tuin of park ideaal, maar als je geen toegang hebt tot gras, kan het enige tijd duren voordat je nieuwe hond leert zijn behoefte te doen op beton of aarde.

Een andere optie die populairder is bij kleine hondenrassen zijn absorberende trainingsmatjes of kattenbakken. Deze zijn ideaal voor jonge puppy's als je niet thuis kunt zijn om ze de eerste maand regelmatig uit te laten terwijl je overdag op je werk bent. Ze kunnen ook voor volwassen honden worden gebruikt, maar de hoeveelheid afval is groter, dus de bakken moeten groter zijn en zullen vrij snel sterk vervuild raken. De geur kan ook snel een afknapper worden.

Een derde optie is je hond te leren een hondenluik te gebruiken, waardoor hij altijd toegang heeft tot een uitloop of tuin. Dit is op de lange termijn het toppunt van gemak. Deze opstelling is echter niet voor alle woningen haalbaar, en er moeten maatregelen worden genomen om de veiligheid van je hond buiten te waarborgen terwijl je niet thuis bent.

De Eerste Paar Weken

"Zet ze niet op voorhand al op falen. Let op tekenen zoals snuffelen aan de grond en geef VEEL lof wanneer ze buiten hun behoefte doen. Ook is het een goed idee om ze te leren plassen terwijl ze aan de lijn zijn."

Melonie Eso
WCK Aussies

Foto met dank aan Sheila Romanski.

Consistentie en het voorkomen van fouten zijn de sleutels tot het correct zindelijk maken van je Aussie. Nadat je hebt besloten hoe je je Aussie zindelijk wilt maken, moet je weten op welke momenten hij zijn behoefte moet doen en wat de tekenen zijn.

Als algemene regel hebben puppy's na elke activiteit behoefte om te plassen of te poepen. Dit betekent direct na het wakker worden, na het eten of drinken, na ongeveer 20 minuten spelen, of meteen na trainingssessies. Volwassen honden moeten verschillende keren per dag de gelegenheid krijgen om hun behoefte te doen. Meestal 's ochtends vroeg, vlak voordat je naar bed gaat, direct na de maaltijden, en minstens één keer ergens gedurende de dag. Tekenen dat je hond naar buiten moet of naar het plasgebied moet worden gebracht, zijn rondjes lopen, aan de vloer snuffelen en jammeren. Sommige honden leren snel en proberen je te laten weten door je aan te staren of voor de deur te gaan zitten.

Puppy's kunnen hun darmen en blaas slechts één uur ophouden voor elke maand leeftijd. Een puppy van twee maanden oud zou dus maximaal twee uur moeten wachten. Als je niet vaak genoeg thuis kunt komen om je puppy zijn behoefte te laten doen, regel dan dat een vriend of buur de puppy voor je uitlaat, of zet een kleine speelren op met trainingsmatjes of een kattenbak voor de eerste maand of twee. Het is onaanvaardbaar dat een puppy gedwongen wordt het op te houden in een bench terwijl jij weg bent.

Foto met dank aan
Jessica Graf

*Foto met dank aan
Kirstie Kettleton*

Hij zal onvermijdelijk een ongelukje krijgen, en hoe vaker dit gebeurt, hoe meer dit gedrag ingesleten raakt. Zorg dat je puppy kan slagen, niet falen!

Belonen van Correct Gedrag

Wanneer je Aussie zijn behoefte doet op de juiste plek, vier dan een klein feestje! Een kleine beloning en vrolijke, beheerste lof voor een goed uitgevoerde taak zal verder versterken dat dit het gedrag is dat je wilt. Je kunt er ook voor kiezen om het gedrag te 'markeren' met een commando, zoals "ga plassen!" voordat je de lof en beloning geeft. Dit kan handig zijn als je wilt dat je hond op specifieke momenten op commando zijn behoefte doet.

Als je een ongelukje in huis aantreft, mag je gefrustreerd zijn – maar alleen op jezelf. Je hond begrijpt het concept nog niet. Jij bent verantwoordelijk voor het feit dat je hond in een situatie is gebracht waarin hij kon falen. Straf je hond niet, schreeuw niet en duw zijn neus er niet in. Een hond heeft niet het intelligentieniveau om zijn eerdere actie te verbinden met de huidige straf. Het enige wat je doet is je hond bang maken en de relatie met jou beschadigen. Als je hem echter op heterdaad betrapt, kan een ferme maar kalme "Nee!" of "Ah ah!" hem onderbreken. Breng hem onmiddellijk naar buiten of naar zijn matjes, laat hem afmaken, en beloon hem dan wanneer hij zijn behoefte op de juiste plek doet! En de volgende keer – voorkom het voordat het gebeurt!

Zorg ervoor dat je een enzymatische reiniger gebruikt als je Aussie een foutje maakt in huis. Honden hebben de neiging om plekken te hergebruiken die naar uitwerpselen ruiken, dus het laatste wat je wilt is dat hij aangemoedigd wordt om die plek opnieuw te gebruiken!

Benchtraining voor Zindelijkheidstraining

"Houd hun gebied in het begin klein. Ze moeten ofwel onder je directe toezicht staan, ofwel in een bench of kleine ren zitten. Punt uit. Als ze te veel vrijheid krijgen en mogen rondlopen, zullen ze ongelukjes hebben. Het is veel gemakkelijker om het vanaf het begin goed te doen dan om terug te moeten gaan en slechte gewoontes af te leren."

Joanne Harvell
Canyon Lake Aussies

Benches zijn het meest nuttige hulpmiddel dat je zult hebben om je Aussie zindelijk te maken. Honden vinden het meestal niet fijn om in de buurt van hun eigen uitwerpselen te zijn en zullen niet bevuilen waar ze slapen. Wanneer hun bench hun hol wordt, zullen ze leren hun darmen en blaas op te houden om geen rommel te maken. Benches moeten de juiste maat hebben – je hond moet net genoeg ruimte hebben om zich om te draaien en comfortabel te liggen, niet meer. Als de bench te groot is, zal de puppy meestal gewoon aan één kant plassen en aan de andere kant slapen! Zoals eerder opgemerkt, worden veel draadbenches geleverd met verwijderbare tussenschotten. Op deze manier kun je één bench op volwassen formaat kopen en gewoon de extra ruimte afschermen, waarbij je de grootte vergroot naarmate de puppy groeit.

Je kunt dekens, bedjes of matjes in de bench gebruiken, maar zorg ervoor dat ze duurzaam en wasbaar zijn en niet worden opgegeten! Sommige Aussies zijn vastberaden kauwers, dus voel je niet schuldig als je puppy voor zijn eigen veiligheid een kale vloer moet hebben. Stukjes stof kunnen levensbedreigende darmverstoppingen veroorzaken als ze worden ingeslikt. Zodra de puppy-streken en het tandjes wisselen voorbij zijn, kun je weer proberen wat beddengoed toe te voegen.

Om met benchtraining te beginnen, moet je je Aussie leren dat de bench zijn ruimte is en een goede, veilige plek. Geef altijd maaltijden in de bench om die positieve associatie op te bouwen. Wijs speciale traktaties en speeltjes aan die alleen voor in de bench zijn. Veel rubberen speeltjes zijn zo gemaakt dat je er wat traktaties of pasta in kunt stoppen.

Zorg ervoor dat je Aussie voldoende tijd buiten de bench doorbrengt. Honden kunnen verveeld raken, en wat een speciale ruimte zou moeten zijn, kan een gevangenis worden. Benches moeten idealiter 's nachts worden gebruikt, terwijl je hond alleen thuis is, en tijdens momenten waarop hij absoluut niet onder toezicht kan staan. Je moet tijd maken om een oogje te houden op ondeugende puppy's en hen regelmatig tijd geven om te spelen en bij het gezin te zijn. Benches zijn geweldige hulpmiddelen, maar misbruik ze niet!

Speelrennen en Hondenluiken

Speelrennen en hondenluiken kunnen geweldige hulpmiddelen zijn bij zindelijkheidstraining. Jonge puppy's kunnen in een kleine speelren met een bak of kattenbak worden geplaatst tijdens periodes dat je enkele uren weg

Foto met dank aan
Julie Caywood

57

bent. Dit is vooral handig als je kunt gebruiken wat de fokker van je Aussie voor de puppy's gebruikte, aangezien je hond al getraind zal zijn om het te gebruiken. Als je besluit een kattenbak te gebruiken, kies dan een vulling die niet giftig is. Verschillende soorten korrels zijn meestal acceptabel. Sommige puppy's zijn echter vastbesloten om de vulling op te eten. Als je dit gedrag ziet, is het beter om mogelijke gezondheidsproblemen te voorkomen en in plaats daarvan voor matjes of een andere methode te kiezen.

Hondenluiken zijn geweldig als je overdag van huis moet zijn. Zorg ervoor dat het luik een geschikte maat heeft; een luik van 60 cm zou zelfs de grootste Aussies moeten kunnen doorlaten. Om hem te leren het te gebruiken, begin je met de flap van het luik af. Laat iemand anders je Aussie door het luik roepen en beloon hem als hij aan de andere kant komt. Doe dit een aantal keren heen en weer totdat je Aussie het gemakkelijk kan. Plaats vervolgens de flap op het luik en doe hetzelfde. Misschien moet je de flap in het begin een beetje optillen. Verminder langzaam de hoeveelheid die je de flap optilt totdat hij er in beide richtingen zelf doorheen kan duwen.

Als je een hondenluik gebruikt als zindelijkheidstrainingsmethode, zorg er dan eerst voor dat het gebied waar de hond aan de andere kant toegang toe heeft volledig veilig is. Het gebied moet omheind zijn en ontoegankelijk voor andere honden of wilde dieren, en afgesloten of op slot om te voorkomen dat andere mensen bij je hond kunnen komen. Plaats vervolgens een kleine ren aan de binnenkant van het huis rondom het hondenluik. Dit ge-

Foto met dank aan
Lisa Ricard

bied moet net groot genoeg zijn voor de hond om te liggen en comfortabel te zijn. Na een paar weken kun je de ren verwijderen en alleen die kamer van het huis afzetten, en hij zou zijn behoefte buiten moeten blijven doen.

Je Hond Alleen Thuis Laten

In een perfecte wereld zouden onze honden altijd bij ons zijn overal waar we naartoe gaan, maar helaas is dat niet de realiteit! Je Aussie zal op een gegeven moment alleen thuis zijn, en het is belangrijk om ervoor te zorgen dat hij veilig en comfortabel is terwijl je weg bent. Over het algemeen is de beste en veiligste plek voor je Aussie terwijl hij alleen thuis is in de bench. Dit geldt vooral voor puppy's. Stel je voor dat er brand uitbreekt in je huis en brandweermannen met uitrusting en maskers naar binnen gaan om je Aussie te redden – bedenk hoe angstaanjagend dat voor een hond moet zijn! Hij zal waarschijnlijk onder een bed wegkruipen of wegrennen van redders in plaats van zich te laten vangen. Als hij daarentegen in de bench zit, kunnen de brandweermannen de bench optillen of naar buiten slepen, of erin reiken om zijn halsband te pakken. Naast het potentiële brandgevaar kunnen huizen een gevaarlijke plek zijn, vooral voor puppy's. Alles wat gekauwd en ingeslikt kan worden, zal dat waarschijnlijk ook worden. Hoe goed je je huis ook puppy-proof hebt gemaakt, hij zal vast wel iets vinden! Als je geen bench wilt gebruiken, is het hondenluiksysteem, een speelren, of ze in een zorgvuldig beveiligde kamer houden de beste optie. Een bijkeuken of badkamer is meestal ideaal voor het laatste, zolang schoenen zijn opgeruimd en toiletdeksels naar beneden zijn! Zorg ervoor dat er geen snoeren of kleine voorwerpen binnen bereik zijn. Volwassen honden kunnen meestal betrouwbaar los in huis zijn als ze recentelijk niet op iets hebben gekauwd dat niet van hen is. Hoewel sommige honden milde verlatingsangst hebben en destructief kunnen worden Deze honden geven vaak de voorkeur aan de veiligheid van een bench!

Als je consequent bent en ongelukjes tot een minimum beperkt, kun je je Aussie meestal binnen een paar weken redelijk goed zindelijk hebben. Je zult er nog steeds voor moeten zorgen dat jonge puppy's vaak genoeg naar buiten worden gebracht en een veilige en geschikte ruimte hebben om te verblijven terwijl je niet thuis bent. Al snel zal je harde werk zijn vruchten afwerpen en heb je een volledig zindelijke metgezel! Dit is een van de belangrijkste dingen die je je hond ooit zult leren, want niemand houdt ervan om in hondenpoep op de vloer te stappen (inclusief de hond)!

HOOFDSTUK 6
Socialiseren met Mensen en Dieren

"Ik raad aan om de pup mee te nemen naar plekken met mensen, geluiden en andere honden onder gecontroleerde omstandigheden, waarbij je hun ervaringen steeds afwisselt. Dwing een pup nooit. Het beste is om terug te gaan naar waar de pup zich comfortabel voelt, veel lof en beloningen te geven en langzaam dichter bij dingen, mensen of plaatsen te komen waar ze niet op hun gemak zijn. Dit kan lang duren, maar langzaam en gestaag, zelfs over een langere periode, levert betere resultaten op dan een pup in een situatie duwen waar hij zich niet prettig bij voelt."

Joan Fry
Bella Loma Kennels

Foto met dank aan
Tania Gomez Ayala

Socialisatie is het concept waarbij je je Aussie blootstelt aan verschillende positieve prikkels, zodat hij kan wennen aan de dingen die hij in het dagelijks leven kan tegenkomen en hier ontspannen mee om kan gaan. Dit omvat begroetingen met verschillende mensen, hem meenemen naar nieuwe plekken, over verschillende ondergronden lopen, hem kennis laten maken met andere honden en hem blootstellen aan nieuwe beelden en geluiden. Er is een juiste en een onjuiste manier om goede socialisatie aan te pakken.

Het Belang van Goede Socialisatie

"Breng ze in contact met zoveel mogelijk andere dieren. Laat ze begrijpen dat andere dieren en honden niet altijd een bedreiging vormen. Alles waar een Aussie niet regelmatig aan wordt blootgesteld als hij jong is, kan iets worden waar hij als volwassen hond bang voor is. En angst leidt tot bijten en vechten."

Joanne Harvell
Canyon Lake Aussies

Socialisatie is een cruciaal onderdeel bij het vormen van een evenwichtige Aussie. Idealiter gebeurt dit tijdens de "kritieke socialisatieperiode" in de eerste 16 weken van het leven van een pup. Tijdens deze periode zijn puppy's eigenlijk kleine sponzen en passen ze zich gemakkelijker aan nieuwe ervaringen aan. Meestal beginnen fokkers dit proces in hun eigen huis vanaf de dag dat de puppy's worden geboren. De puppy's aanraken en vasthouden, borstelen, blootstellen aan de beelden en geluiden van een thuisomgeving en bezoekers verwelkomen zijn de allereerste basisstappen. Veel fokkers gebruiken ook verschillende hulpmiddelen en programma's om de puppy's elke

Foto met dank aan
Hope Bailey

week aan nieuwe ervaringen bloot te stellen terwijl ze opgroeien!

Nadat een puppy zijn geboorteplek heeft verlaten, moet de socialisatie doorgaan. Puppy's moeten worden blootgesteld aan allerlei ondergronden – hout, tapijt, tegels en laminaatvloeren, gras, aarde, grind en met zand bedekte grond. Moedig hem aan om heuvels, boomstronken en trappen te beklimmen. Neem hem elke week mee naar een nieuwe plek en maak er een positieve ervaring van! Dwing een puppy nooit om te interacteren met iets dat hij niet kent. Terwijl puppy's positieve ervaringen gemakkelijk onthouden, zullen ze ook beangstigende en negatieve ervaringen onthouden. Het is jouw verantwoordelijkheid om je puppy te beschermen tegen een slechte ervaring! Slechte indrukken kunnen ongelooflijk moeilijk ongedaan worden gemaakt zodra ze zijn ontstaan.

De gevolgen van een gebrek aan socialisatie worden vaak duidelijk naarmate een puppy opgroeit tot een volwassen hond. Hij kan aarzelen om nieuwe mensen of honden te benaderen, onbekende oppervlakken vermijden, en terugdeinzen voor of blaffen naar vreemde voorwerpen. Hij kan moeite hebben zich aan te passen aan veranderingen in zijn omgeving. Vergelijkbare problemen kunnen worden gezien bij een hond die een slechte ervaring heeft gehad met iets specifieks – als je Aussie is aangevallen door een andere hond, kan hij nu bang zijn voor interacties met andere honden, of zelfs alleen voor honden die lijken op degene die hem heeft aangevallen. Een situatie als deze kan maanden werk kosten om op te lossen!

Socialiseren met Andere Honden

"Dwing je Aussie niet tot relaties, laat ze de tijd nemen en de eerste stap zetten."

Adriana Plum
Turkey Run Australian Shepherds

Het vormgeven van de interacties van je Aussie met andere honden is essentieel voor het leggen van een goede basis in de omgang met andere honden. De meeste Aussies zijn eigenlijk vrij neutraal tegenover andere honden; ze houden van hun gezin en kunnen goede hondenvrienden worden als ze goed worden voorgesteld, maar de meeste honden die ze op straat tegenkomen, laten ze koud. Denk niet dat je hond meteen van elke andere hond moet houden! De meeste honden vallen eigenlijk in de hond-neutrale categorie, en slechts een minderheid houdt echt van alle andere honden. Dit is eigenlijk niet zo anders dan menselijke relaties – je rent waarschijnlijk ook niet op elke persoon die je ontmoet af, slaat je armen om hen heen en eist dat jullie beste vrienden worden, toch?

Wanneer je je Aussie aan een andere hond voorstelt, vraag dan eerst toestemming aan de andere eigenaar. Sommige honden voelen zich erg bedreigd door vreemde honden en worden agressief om zichzelf te verdedigen. Als ze je aanbod afwijzen, is dat prima – ze doen wat het beste is voor hun hond. Als je hun goedkeuring hebt, laat de honden dan begroeten en snuffelen. Ze moeten niet wild doen. Goede tekenen zijn snuffelen, ontspannen uitdrukkingen, snel kwispelen en speelbogen. Als een hond gromt, probeert weg te komen, zijn lippen krult of als zijn haar overeind staat, scheid de twee honden dan onmiddellijk rustig om te voorkomen dat er een gevecht uitbreekt.

Het voorstellen van puppy's aan andere honden moet voorzichtig en gecontroleerd gebeuren. Oudere puppy's kunnen vaak te ruw spelen met jonge puppy's, dus in de meeste situaties kun je dit beter vermijden tot de jongere pup wat ouder is. Als je je puppy socialiseert met een volwassen hond, wees dan absoluut zeker dat de oudere hond veilig is en puppy's tolereert voordat je ze laat kennismaken.

Interacties met Andere Huisdieren en Vee

Je kunt je Aussie ook blootstellen aan andere dieren. Dit is vooral belangrijk als je vee hebt of ooit wilt gaan hoeden met je Aussie. Veiligheid moet altijd voorop staan in je gedachten, zowel voor je hond als voor de andere dieren. Grote dieren zoals runderen en paarden kunnen een gevaar vormen voor je Aussie. Een goed gerichte trap kan ze gemakkelijk doden of verwonden.

Aussies zullen zelden opzettelijk een ander dier schaden. De meeste zullen echter instinctief proberen andere dieren te verplaatsen of achterna te zitten, wat stress of paniek kan veroorzaken en hen per ongeluk kan verwonden. De meeste introducties beginnen het beste met een hek ertussen om te zien hoe je Aussie zal reageren. Als hij bang is of te opgewonden raakt, ga dan verder weg tot hij kalm is en kom dan weer dichterbij. Prijs hem voor kalm, zelfverzekerd gedrag. Als je uiteindelijk een ontmoeting zonder hek wilt, zorg dan dat je een absoluut betrouwbaar terugroepcommando hebt waar je Aussie altijd op reageert, voordat je hem ooit zon-

der lijn aan andere dieren voorstelt. Als hij het vee begint op te jagen, roep hem dan bij je en beloon hem voor het niet opjagen van de dieren.

Hoewel sommige Aussies natuurtalenten zijn in het hoeden, is het altijd het beste om wat lessen of tips te krijgen van een ervaren veehoeder als je vee wilt hoeden. Voor velen kan het enkele maanden training kosten om hun instinct zo te vormen dat het voor jou werkt!

Het voorstellen van je Aussie aan dieren zoals katten of kleine huisdieren die niet in je huis wonen, is niet echt nodig. De meeste van deze dieren stellen contact met honden niet op prijs, en het is niet iets dat je Aussie waarschijnlijk dagelijks buiten je huis zal zien. Vooral kleine huisdieren zijn erg kwetsbaar en kunnen per ongeluk gewond raken, dus fysieke interacties tussen hen en je Aussie worden niet aanbevolen.

Nieuwe Mensen Begroeten

Leren hoe je met andere mensen moet omgaan, is een van de belangrijkste vaardigheden die je Aussie ooit zal verwerven. Mensen zullen een onvermijdelijk en onontkoombaar deel van hun leven zijn. Veel Aussies zijn terughoudend met nieuwe mensen, en dit is volkomen acceptabel. Ze moeten echter nog steeds in staat zijn om mensen zonder angst te tolereren.

Laat nooit iemand zichzelf opdringen aan je puppy als hij bang is; dit zal zijn angst alleen maar verdiepen. Als je Aussie geïntimideerd is, spreek dan en vraag de persoon beleefd maar beslist om hem ruimte te geven! Het is jouw verantwoordelijkheid om je Aussie te beschermen tegen een slechte situatie. Als je Aussie onzeker is, laat de persoon dan rustig een snoepje aanbieden. Daarna moeten ze je Aussie negeren totdat hij ontspant en zelf om aandacht vraagt.

Sommige puppy's zijn sociale vlinders. Als dit het geval is, kunnen ze vaak te opgewonden raken. Veel mensen worden ook opgewonden als ze een puppy zien, wat de situatie verder kan verergeren. Vraag degenen die je puppy begroeten om rustig te praten. Manieren moeten altijd worden afgedwongen – je puppy mag nooit op mensen springen of aan mensen knabbelen. Deze regel moet absoluut zijn. Bezoekers zeggen vaak dat ze het niet erg vinden - maar herinner hen eraan dat jij het wel erg vindt! Ze mogen de puppy pas aaien of aandacht geven als hij alle vier de poten op de grond kan houden!

Stel je puppy bloot aan begroetingen met allerlei soorten mensen – lang, kort, mannen, vrouwen, jong, oud, mensen in rolstoelen en met hoe-

Foto met dank aan Lauren Kilby

den of zonnebrillen. Houd een kalme en ongedwongen houding aan. Als je angstig of uitbundig bent, zal je Aussie die houding weerspiegelen!

Australian Shepherds en Kinderen

De meeste Aussies zijn fel loyaal aan "hun kinderen". Vreemde kinderen kunnen echter zeer intimiderend zijn voor een hond. Jonge kinderen zijn op ooghoogte met je Aussie en kunnen de neiging hebben om hem onbedoeld aan te staren. De meesten zijn uitbundig, met plotselinge bewegingen en hoge stemmen. Puppy's moeten vaak en vroeg worden blootgesteld aan kinderen, zodat ze wennen aan hun gedrag. Dezelfde regel moet gelden voor puppy's met kinderen als voor volwassenen – wangedrag mag niet worden versterkt door de puppy toe te staan op kinderen te springen, achter hen aan te rennen en aan hen te knabbelen. Als dit gebeurt, zeg dan rustig maar beslist: "Nee!" en leid de puppy af naar een acceptabel gedrag, zoals zitten of liggen. Als hij te opgewonden raakt, scheid de puppy dan van het kind en probeer het opnieuw als hij gekalmeerd is.

Respect voor honden en hun ruimte moet altijd worden afgedwongen bij kinderen. Dit is uiterst belangrijk voor de veiligheid van het kind en het comfort van de hond. Schreeuwen, aan haar of oren trekken, slaan, het gezicht van de hond vastpakken, aan de hond trekken en op de hond zitten zijn onaanvaardbaar. De meeste honden voelen zich ook ongemakkelijk bij kusjes en knuffels. Waarschuwingssignalen dat je Aussie zich erg ongemakkelijk voelt in de situatie zijn het likken van lippen, gapen, knijpen met de ogen, het hoofd afwenden, het wit van de ogen laten zien en proberen weg te komen uit de situatie. Je moet je hond respecteren en hem onmiddellijk uit de situatie halen als je deze waarschuwingssignalen ziet. Deze acties gaan vaak vooraf aan een beet, en het is jouw verantwoordelijkheid om dit te voorkomen! Veel mensen beweren dat ze een beet nooit zagen aankomen, maar de realiteit is dat de hond de hele tijd waarschuwingssignalen gaf – de mens zag ze gewoon niet!

Neem de tijd om kinderen, of het nu de jouwe zijn of die van iemand anders, te leren hoe ze een hond moeten respecteren. Kinderen moeten altijd vragen of ze je hond mogen aaien voordat ze hem benaderen. Als ze toestemming krijgen, moeten ze worden geïnstrueerd om de hond rustig en zachtjes op de rug of de borst te aaien, zodat het minder intim iderend is. Ze moeten kalm zijn en zachtjes tegen de hond praten. Je beschermt niet alleen je hond, maar je leert het kind ook belangrijke levenslessen. Honden zijn een groot deel van ons leven, en er is niets tragischer dan een beet die voorkomen had kunnen worden. Kinderen en honden kunnen geweldige relaties hebben en hechte banden delen - als ze goed beginnen en leren elkaar te respecteren!

Wanneer er een patroon is ontstaan dat nieuwe ervaringen goede dingen betekenen, zal dit de basis zijn waaruit je Aussie de rest van zijn leven zal putten. Een gelukkige, evenwichtige hond die je overal mee naartoe kunt nemen zonder bang te zijn voor hoe hij zal reageren, is inderdaad een kostbaar bezit. Goede, uitgebreide, juiste socialisatie zal je Aussie klaarstomen voor succes! Hij zal er ook des te gelukkiger om zijn, omdat hij het leven met vertrouwen zal benaderen en blij zal zijn om meer tijd met jou door te brengen!

HOOFDSTUK 7
Lichamelijke en Mentale Beweging

Veel gedragsproblemen worden veroorzaakt door overtollige energie en verveling. Daarom zijn lichaamsbeweging en mentale stimulatie essentieel voor een fitte, gelukkige Aussie. Australian Shepherds zijn gefokt als zeer intelligente werkhonden die lange dagen op de boerderij doorbrachten. Ze hebben een taak nodig om gelukkig te zijn. Er zijn veel taken en activi-

Foto met dank aan
Ryan Albanese

teiten die aan die behoefte kunnen voldoen – en ze hoeven niet per se schapen te hoeden!

Leeftijdsgeschikte Beweging

Lichaamsbeweging is een absolute noodzaak voor honden, net als bij mensen. Pups groeien echter zeer snel, en de groeischijven in hun skelet zijn vatbaar voor verwondingen die later in het leven blijvende schade en chronische pijn kunnen veroorzaken. Daarom zijn korte periodes van intensieve beweging op zachte, stabiele ondergronden ideaal. Een eenvoudige regel om te volgen is vijf minuten beweging per levensmaand tot twee keer per dag; dus als je pup vier maanden oud is, kan hij tot 20 minuten per keer bewegen. Spelen op gras, zand, sneeuw of rubberen matten werkt als schokdemper en helpt het skelet van je pup te beschermen. Vermijd beweging op asfalt, beton of gladde vloeren. Pups zouden ook nooit herhaaldelijk moeten springen tot ze minstens 12 maanden oud zijn, aangezien dit ook onomkeerbare schade kan veroorzaken. Normaal springen tijdens het spelen is aanvaardbaar, maar je pup vragen om herhaaldelijk over een hindernis te springen kan hem schaden.

*Foto met dank aan
Jennifer Rose*

Soorten Lichaamsbeweging

De traditionele wandeling is bijna altijd het eerste waar iemand aan denkt bij het uitlaten van zijn hond. Wandelen, joggen en fietsen met je Aussie is een uitstekende manier om uithoudingsvermogen op te bouwen. Zorg tijdens het uitlaten van je Aussie aan de lijn altijd voor goede lijnmanieren. Niemand vindt het prettig om door zijn hond meegesleurd te worden! Als je Aussie probeert te trekken, stop dan gewoon en wacht tot hij zich naar je omdraait. Beloon hem als hij dat doet en ga dan verder. Als stoppen zijn aandacht niet trekt, begin dan achteruit te lopen in de tegenovergestelde richting van waar hij je naartoe trekt. Dit is vaak voldoende om zijn aandacht terug te krijgen naar dat gekke baasje dat de verkeerde kant op gaat! Deze regel moet vanaf de allereerste keer dat je met je Aussie gaat wandelen worden toegepast, en elke keer daarna. Elke keer dat je je laat meetrekken, wordt dat gedrag versterkt! Hoe eerder je deze regel handhaaft, hoe beter. Zorg ervoor dat je Aussie een goed passende halsband draagt – je moet twee vingers strak onder de halsband kunnen steken, en niet meer.

Let er goed op dat het asfalt niet te heet is als je je Aussie uitlaat bij warm weer. Bij een temperatuur van 30 graden kan het asfalt wel 57 graden worden, wat brandwonden aan de voetzolen kan veroorzaken. Controleer de veiligheid van de asfalttemperatuur door de rug van je hand op het asfalt te leggen; als je het daar na 5 seconden niet comfortabel kunt houden, is het te heet voor een wandeling.

Pas op met lange afstanden lopen of langdurig buiten zijn bij extreme temperaturen. Warm weer kan hitteberoerte veroorzaken; en koude temperaturen, bevriezing. Overmatig hijgen en kwijlen, rode tandvlees, en vochtige, zwetende huid zijn tekenen dat je Aussie zo snel mogelijk moet afkoelen. Breng hem naar een schaduwrijke plek, maak zijn lichaam vochtig met koel water en bied hem koel water aan om te drinken. Vermijd ijskoud water, aangezien te snel afkoelen andere complicaties kan veroorzaken. Let bij koud weer goed op tekenen die voorafgaan aan bevriezing. Als hij zijn poten optrekt of rilt, betekent dit dat hij te koud is en onmiddellijk naar binnen moet worden gebracht om op te warmen. Opwarmen moet langzaam gebeuren door warm water aan te bieden en je hond in warme, droge handdoeken te wikkelen.

Loopbanden kunnen een geweldig hulpmiddel zijn om je Aussie te laten bewegen als je weinig tijd hebt. Menselijke loopbanden kunnen worden gebruikt voor wandelen, hoewel honden specifieke loopbanden ideaal zijn. Je kunt je Aussie aan een loopband laten wennen door hem erop te roepen wanneer deze niet draait, en hem te prijzen en te belonen. Zet vervol-

Foto met dank aan
Mikayla McDonald

gens, terwijl hij niet op de loopband staat, het apparaat aan op de laagste stand. Roep je Aussie terug naar de loopband en beloon hem wanneer hij erop stapt of een poging doet om dit te doen. Dit kan tijd kosten en vereist bij sommige honden wat geduld, maar uiteindelijk leren velen graag op een loopband te werken. Houd je Aussie altijd in de gaten wanneer hij de loopband gebruikt.

Een andere zeer plezierige vorm van beweging is om je Aussie ballen of ander speelgoed te laten achtervolgen en terugbrengen. Deze korte periodes van intense beweging zijn ideaal om energie te verbranden. Kies speelgoed dat groot genoeg is zodat het niet per ongeluk in de luchtweg vast kan komen te zitten. Om je hond te leren het speelgoed terug te brengen, begin je met het speelgoed een korte afstand te gooien en hem te belonen wanneer hij het speelgoed oppakt en naar je toe brengt. Dit kan een voedselbeloning zijn, of je kunt een tweede speeltje gooien!

Je kunt ook apporteerspelletjes combineren met zwemmen – hoewel ze niet van nature als waterliefhebbers worden beschouwd, genieten de meeste Aussies van zwemmen en het zorgt ook voor uitstekende beweging. Vermijd periodes van het jaar waarin er overstromingen zijn en diepe, snelstromende wateren. Honden zijn sterke zwemmers, maar zelfs zij kunnen verdrinken of worden meegesleurd door sterke stromingen. Vermijd stilstaande wateren zoals nazomerse vijvers. Als je Aussie in stilstaand water zwemt, moet je hem daarna baden en grondig afdrogen. Niet alleen zal zijn vacht waarschijnlijk sterk ruiken, maar de bacteriën die daar vaak voorkomen, kunnen huidirritatie of infecties veroorzaken.

Veel mensen gebruiken hondenlosloopgebieden om hun Aussies te laten bewegen. Hoewel speeltijd met andere hondenvrienden een fantastische manier kan zijn om energie kwijt te raken, moet je je ervan bewust zijn dat er veel ongelukken en hondengevechten kunnen plaatsvinden in hondenparken. Een groep onbekende honden bij elkaar brengen kan riskant zijn. Als je ervoor kiest om een hondenlosloopgebied te bezoeken, zorg er dan voor dat je de lichaamstaal van honden goed kunt lezen, houd de interacties tussen de dieren nauwlettend in de gaten en wees altijd bereid om in te grijpen als het misgaat. Een hond die anderen ontwijkt door te kruipen of zich te verstoppen, strakke blikken, angstige ogen (waarbij het oogwit zichtbaar is), stijf staan, opgetrokken lippen, opstaande haren en lage grommen zijn allemaal waarschuwingssignalen dat er problemen kunnen ontstaan. Ontspannen lichaamshoudingen, cirkelvormig of breed zwaaiend kwispelen en speelbogen zijn allemaal goede tekenen dat iedereen het goed met elkaar kan vinden.

Belang Van Mentale Beweging

"De Aussie is zeer gemakkelijk te trainen omdat ze van nature gefokt zijn om met hun menselijke partner samen te werken. Ze zijn meegaand en bereid om te behagen. Ze hebben ook een scherp gevoel voor recht-vaardigheid. Dit betekent dat de eigenaar niet mag verwachten dat de Aussie gelukkig zal zijn in een onbevredigende en onnatuurlijke omge-ving."

Tina Beck
Goldcrest Aussies

Foto met dank aan
Karie King
Kicking K Australian Shepehrds

Australian Shepherds zijn een extreem intelligent ras. Als zodanig verlangen ze naar mentale stimulatie. Gedragsproblemen zoals graven, kauwen op huishoudelijke artikelen, overmatig blaffen, ijsberen, niet tot rust kunnen komen, en op hun eigen haar en poten kauwen kunnen allemaal tekenen zijn dat je hond niet genoeg mentale beweging krijgt. Mentale stimulatie is vooral cruciaal voor pups, aangezien hun hersenen druk bezig zijn met ontwikkelen en leren. Ook kan het regelmatig geven van hersentraining aan oudere honden hen langer scherp houden.

Interessant genoeg kan mentale inspanning je Aussie ook lichamelijk vermoeien! Hoewel het geen vervanging is voor de noodzakelijke regelmatige lichaamsbeweging, zijn hersenspelletjes en training een geweldige manier om je hond een uitlaatklep te bieden op een regenachtige dag, als je liever niet te lang naar buiten gaat. Tijd doorbrengen met je hond en spelletjes spelen om zijn hersenen actief te houden is een gewe dige manier om de band te versterken.

Foto met dank aan
Jessica Graf

Tips Om Je Australian Shepherd Bezig Te Houden

Er zijn veel verschillende manieren waarop je de hersenen van je Aussie kunt uitdagen. Training kan zeer gezond en plezierig zijn voor jou en je hond. Dit omvat het aanleren van trucjes, gehoorzaamheidscommando's of training voor hondensport zoals behendigheidsparcours. Training moet opgewekt, positief en kort worden gehouden. Een paar korte sessies van 5-10 minuten verspreid over een dag is leuker en effectiever dan één sessie van 20 minuten, vooral voor pups met een kortere aandacht spanne.

Er zijn tegenwoordig veel puzzelspeeltjes voor honden op de markt. De meeste ervan zorgen ervoor dat een hond moet nadenken en iets harder moet werken voor een maaltijd of beloning, zoals speeltjes of ballen die kunnen worden gevuld met brokjes of pasta. Je kunt ook brokjes of favoriete speeltjes verstoppen in een kamer of tuin en je hond leren ze te vinden, of zelfs jou te vinden in een spelletje verstoppertje. Ook kun je je hond leren om aan speurneuzenwerk te doen, wat mentaal uitdagend en belonend is. Dit houdt in dat je je Aussie leert een specifieke geur te herkennen, vervolgens de geur in een kamer of in je tuin verstopt en hem beloont wanneer hij de geur correct lokaliseert.

Aussies vinden het heerlijk om het gevoel te hebben dat ze "helpen". Als je geen vee hebt om te hoeden, kun je andere taken voor hen vinden in en rond het huis. Leer ze gevallen voorwerpen voor je op te rapen. hun eigen speelgoed op te ruimen en in een doos te doen, of zelfs een slee of kar te trekken. Dit zijn slechts enkele ideeën die hen het gevoel kunnen geven nuttig te zijn.

HOOFDSTUK 8
Je Australian Shepherd Trainen

"Dit is een zeer intelligent ras met een sterke leergierigheid"

Adriana Plum
Turkey Run Australian Shepherds

Foto met dank aan
Lauren Dunning

"Aussies zijn zeer gemakkelijk te trainen. Het belangrijkste advies is consequentie. Dit geldt voor elk type training met een Aussie. Als je niet consequent bent, zullen ze dat onthouden en proberen hun zin door te drijven."

Heidi Mobley
Western Hills Australian Shepherds

Training is iets wat je met je Aussie zult doen - bewust of onbewust! Door de scherpe intelligentie van het ras zijn deze honden voortdurend aan het leren en nemen ze signalen van je over. Daarom loont het de moeite om tijd te besteden aan het actief trainen van je Aussie en het versterken van gewenst gedrag. Goede trainingsmethoden houden rekening met het perspectief van je hond en maken dingen duidelijk voor hem. Neem het heft in handen en wees proactief: leer je Aussie vanaf het begin wat je van hem verwacht, in plaats van te wachten tot er een probleem ontstaat dat moet worden aangepakt!

Foto met dank aan
Cynthia Hokes

Voordelen van Goede Training

Iedereen houdt van een welopgevoede hond. Wat veel nieuwe honde-neigenaren niet beseffen, is dat het bereiken van goed gedrag vaak veel tijd en moeite kost - het is werk! Het gebeurt niet vanzelf van de ene op de andere dag. Dat gezegd hebbende, training kan en moet absoluut een leuke activiteit zijn voor zowel jou als je hond. Het is een van de beste manieren om een band op te bouwen met je Aussie en het is een investering in jullie toekomst samen.

Duidelijke Verwachtingen

"Ze zijn supergemakkelijk te trainen ALS je je autoriteit vestigt. Als je te gemakkelijk voor ze bent of niet als de baas wordt gezien, zullen ze die taak van je overnemen!"

Joanne Harvell
Canyon Lake Aussies

Een van de sleutels tot effectieve training is het stellen van duidelijke doelen en verwachtingen, en deze op te splitsen in behapbare stappen die je Aussie kan begrijpen. Je kunt je hond niet één keer per maand trainen en toch verwachten dat je vooruitgang boekt. Ook kun je niet van de ene op de andere dag verbetering verwachten bij probleemgedrag dat al langere tijd – vaak onbedoeld – is versterkt. Reken erop dat je minstens enkele keren per week, bij voorkeur dagelijks, een sessie van 5-10 minuten inplant. Zoek ook naar mogelijkheden om training in je dagelijkse activiteiten te verwerken. Maaltijden, wandelingen en speeltijd kunnen allemaal creatief worden gebruikt om gedrag te versterken dat je je Aussie aanleert.

Consequentie is de sleutel tot het communiceren van duidelijke verwachtingen naar je Aussie. Als hij soms aan de lijn mag trekken, zal hij niet begrijpen wanneer het wel of niet mag, en zal hij elke keer proberen te trekken. Als je hem toestaat je mee te sleuren, versterk je dat gedrag omdat je met hem blijft meebewegen in de richting die hij wil gaan. Als je daarentegen consequent stopt met lopen zodra je hond aan de lijn trekt en pas weer verdergaat wanneer de lijn ontspannen is, zal hij snel leren dat trekken niet werkt – en zal hij het daardoor zelden nog doen. Iedereen die met je Aussie omgaat - familie, vrienden en bezoekers - moet ook je verwachtingen begrijpen. Als het niet oké is dat hij tegen je opspringt, is het ook niet oké dat andere mensen dat gedrag toestaan. Als je bezoekers positief reageren op je Aussie die tegen hen op-

Foto met dank aan
Mary Sanders

springt door hem te aaien en aandacht te geven, zal je hond het waarschijnlijk ook bij jou proberen om te zien of het weer werkt. Zelfs als je eerder hebt vastgesteld dat het niet mag. Situaties als deze kunnen je trainingsinspanningen snel ondermijnen!

Basisprincipes van Operante Conditionering

"Over het algemeen zijn Aussies superslim. Maar, zoals bij elk ras, moeten ze leren denken. Het vormen van gedrag door operante conditionering met behulp van clickertraining lijkt erg goed te werken. De meeste Aussies zijn erg voedsel gedreven en deze voedselgedrevenheid kan worden gebruikt als beloning voor correcte reacties tijdens de training."

Joan Fry
Bella Loma Kennels

Operante conditionering is een trainingsmethode die beloningen en consequenties gebruikt om gedrag te beïnvloeden. Operante conditionering vindt eigenlijk voortdurend plaats – elke keer dat je met je hond omgaat, en telkens wanneer hij in interactie is met zijn omgeving, omdat positieve en negatieve gevolgen automatisch optreden. In essentie worden er associaties gemaakt tussen een gedrag en een consequentie. Als je bijvoorbeeld als kind een hete kookplaat aanraakte, ervoer je pijn als negatieve consequentie. Je associeerde vervolgens pijn met een hete kookplaat, en vermeed daarna waarschijnlijk het aanraken van dat oppervlak. Je maakte ook positieve associaties, zoals wanneer je een klusje deed en door je ouders werd beloond met een traktatie. Honden leren op vergelijkbare wijze, maar dingen die wij als positief of negatief beschouwen, worden niet altijd op dezelfde manier gezien door onze honden! Als je hond tegen je opspringt, beschouw je het wegduwen of berispen misschien als een negatieve consequentie. Vaak is echter het tegenovergestelde waar - je raakt je hond aan en spreekt tegen hem. Beide worden in deze situatie vaak als positief ervaren door de hond.

Positieve Bekrachtiging

Positieve bekrachtiging kan vele vormen aannemen. De meest voorkomende beloningen zijn voedsel, speelgoed, verbale lof en fysieke genegenheid zoals aaien. Vaak zal een hond harder werken voor één of twee soorten beloningen dan voor de andere; voor sommigen heeft voedsel de hoogste directe waarde, terwijl voor anderen een favoriet speeltje alles verslaat. Positieve bekrachtiging kan ook de vorm aannemen van een gunstige uitkomst voor de hond. Als je je hond wilt leren niet voor je uit de deur uit te rennen, zorg er dan voor dat hij pas naar buiten mag als hij rustig zit en jij hem toestemming geeft. In dit geval is de beloning dat hij door de deuropening mag gaan. Veel honden kunnen bijna volledig worden getraind met positieve bekrachtigingsmethoden.

"Aussies houden ervan om hun mensen te plezieren en hebben een fantastische focus! Je zult versteld staan van hoe snel ze leren. En hoe meer je ze leert, hoe gemakkelijker het voor hen wordt om te leren. Als gevoelig ras reageren ze goed op positieve bekrachtigingstraining. Harde methoden kunnen ervoor zorgen dat een Aussie afsluit en koppig lijkt, maar in werkelijkheid willen ze alleen maar plezieren."

Gayle Silberhorn
Big Run Aussies

Negatieve Bekrachtiging

Negatieve bekrachtiging kan bestaan uit bestraffende vormen zoals verbale berispingen, verschillende correctiehalsbanden en fysieke correctie. Het kan ook simpelweg de vorm aannemen van negatieve consequenties. Teruggaand naar het voorbeeld van de deuropening - geblokkeerd worden bij het naar buiten gaan, zoals het sluiten van de deur, is een negatieve consequentie voor de hond. Dit is vaak de meest milde vorm van negatieve bekrachtiging en kan goede resultaten opleveren wanneer het correct wordt uitgevoerd. Je hond slaan, tegen hem schreeuwen of hem fysiek domineren zijn nooit acceptabele vormen van correctie! Correcte fysieke correctie kan bestaan uit dingen zoals een snelle stevige ruk aan de lijn om je hond terug te brengen naar de 'volg'-positie, of het voorzichtig plaatsen van een hond in een positie zoals zitten of liggen. Gepaste verbale berispingen gebruik je alleen om de aandacht op ongewenst gedrag te vestigen – een eenvoudige, maar krachtige "eh!" is al voldoende.

De Gevaren van Strafgerichte Training

"Aussie-puppy's kunnen vocaal zijn, de 'zoomies' krijgen en overdreven enthousiast worden. Betrokkenheid moet worden beloond en straf zeer spaarzaam worden gebruikt. Het zijn denkers, leer ze denken."

Joan Fry
Bella Loma Kennels

De meeste honden, en Aussies in het bijzonder, gedijen niet onder een strafgerichte trainingsmethode. Hoewel je je hond nooit voor alles zou moeten omkopen, is het moeilijk om te leren in een omgeving waar je voortdurend bang bent voor straf. Honden doen over het algemeen geen dingen om ons opzettelijk te frustreren of teleur te stellen - ze denken gewoon als honden, niet als mensen. In de overgrote meerderheid van de gevallen hebben we eigenlijk alleen onszelf te verwijten voor het falen van onze hond.

Strafgerichte training zorgt er vaak voor dat honden onwillige, niet-enthousiaste werkers worden. In plaats van een vrolijke, positieve houding, bieden ze alleen wat ze moeten doen om straf te vermijden. Ze willen je misschien vermijden in plaats van tijd met je doorbrengen. In feite is dit type correctie schadelijk voor jullie relatie. Vaak zie je snelle resultaten op korte termijn met een strafgerichte methode, alleen om te zien dat het gedrag binnen weken of maanden terugkeert of dat er een nieuw ongewenst gedrag opduikt om de plaats ervan in te nemen. In plaats van leuk te zijn, wordt training een bron van angst en stress voor je hond. Als je op school gestraft zou worden voor elk verkeerd antwoord en zelden geprezen voor correc-

Foto met dank aan
Amanda Watkins

te antwoorden, zou je het daar dan leuk vinden om te leren? Waarschijnlijk niet... en je zou waarschijnlijk ook een hekel hebben aan de leraar!

Een Trainer Inhuren en Lessen Volgen

Hoewel je je Aussie regelmatig thuis kunt en moet trainen, is het vaak zeer waardevol om begeleiding en inzicht te krijgen van iemand met ervaring. Vaak doen we dingen die het succes van onze honden belemmeren zonder dat we het zelf beseffen. Een professional kan het probleem vaak identificeren door simpelweg te kijken hoe je met je hond omgaat. Het belangrijkste om te beseffen is dat cursussen en professionele trainers je hond niet voor je zullen trainen – zij leren jou hoe je zélf je hond moet trainen. Een trainer kan tijdens een sessie een begin maken, maar het is aan jou om er thuis mee door te gaan als je echt wilt dat je hond succesvol is. Dierenartsen, trimmers en hondenclubs kunnen vaak trainers in jouw omgeving aanbevelen. Let bij het kiezen van een trainer op iemand die voornamelijk positieve bekrachtigingstraining gebruikt. Vraag of je een les kunt observeren en kijk of de trainer positief en opgewekt blijft. Goede trainers die met eigenaren werken, moeten geduld hebben met de honden, maar ook met mensen! Leggen ze hun methoden uit op een manier die je begrijpt? Reageert de hond positief tijdens de trainingssessie?

Of je nu een cursus volgt of een professional inhuurt voor privélessen, zorg ervoor dat je je huiswerk doet. Als je vooruitgang wilt boeken en het meeste uit een sessie wilt halen, oefen dan thuis tijdens de week de dingen die je hebt geleerd. Een goede hondentrainer worden kost tijd, zelfs alleen voor manieren en basisgehoorzaamheid, en vereist vaak dat mensen hun gedrag en de manier waarop ze met hun honden omgaan veranderen.

Plezier Hebben in Hondensport

"Hondensporten en socialisatieklassen zijn een betere plek voor lichaams- en geestelijke oefening dan 'losloopgebieden'. Beschouw losloopgebieden als ongevallen die wachten om te gebeuren."

Francine Guerra
Alias Aussies

Foto met dank aan
Cynamon Rei Moseley

Australian Shepherds staan in de wereld van de hondensport bekend als een kracht om rekening mee te houden. Met hun enthousiasme, intelligentie en behendigheid kunnen ze vaak in bijna alles uitblinken. Het trainen van je hond voor wedstrijden zal jullie band verdiepen terwijl jullie beiden leren hoe je in je gekozen sport kunt spelen. Er zijn veel verschillende dingen waaraan je met je hond kunt deelnemen, van parcoursen met tijdmeting tot het hoeden van vee in een arena. De meeste van deze evenementen vereisen een grote mate van teamwork. Als je geïnteresseerd bent in het deelnemen aan een sport met je Aussie, neem dan contact op met je lokale hondenclub om te zien of er lessen of mentoren beschikbaar zijn om je op weg te helpen. Hier zijn slechts enkele van de sporten waaraan je met je Aussie kunt deelnemen:

Foto met dank aan Lisa Ricard

Behendigheid

Je moet je hond door een parcours met tijdmeting leiden. Sprongen, tunnels, wipwappen en het beklimmen van een A-frame zijn slechts enkele van de hindernissen die je in deze snelle sport kunt tegenkomen.

Gehoorzaamheid

Wedstrijdgehoorzaamheid omvat volgen, terugkomen en blijven in de lagere niveaus. Op hogere wedstrijdniveaus kan van je hond worden gevraagd om te springen zoals aangegeven, voorwerpen met jouw geur erop te onderscheiden en op te halen, en meer.

Rally-Gehoorzaamheid

Deze relatief nieuwe sport combineert volgen, gehoorzaamheidsopdrachten en verschillende manoeuvres op een parcours dat wordt aangegeven met borden.

Hoeden

Je moet je hond aansturen om vee rond een parcours van gangen en hekken te bewegen. Schapen, runderen en eenden zijn de meest voorkomende soorten vee die worden gebruikt.

Neuswerk of Geurwerk

Je hond moet getraind worden om bepaalde geuren te identificeren die verborgen zijn in verschillende voorwerpen of plaatsen, hetzij in een kamer of een bepaald gebied buiten.

Spoorzoeken

Bij deze sport moet je hond een geurspoor kunnen volgen en je naar het einde van het spoor leiden.

Flyball

Dit is een zeer snelle teamsport - vier honden nemen om de beurt deel aan een estafette over een rij hindernissen, vangen een bal die uit een box wordt vrijgelaten en racen terug met de bal naar hun team.

Dock Diving (Waterspringen)

Je hond moet zo ver mogelijk van een steiger in een zwembad springen.

Als je geïnteresseerd bent in het beoefenen van een sport met je Aussie, neem dan contact op met je lokale kennelclub en kijk welke lessen ze aanbieden. Je kunt ook de evenementenkalenders van de Raad van Beheer op Kynologisch Gebied in Nederland op hun website raadplegen. Zoek een evenement bij jou in de buurt om te bezoeken en kom in contact met mensen in de sport die je kunnen doorverwijzen naar regionale clubs en verenigingen.

Er is geen universele trainingsmethode. Net als mensen zijn honden individuen. Als geheel geldt: als je Aussie met enthousiasme reageert op je gekozen methode, dan werkt het. Als het niet werkt, wees dan niet bang om iets nieuws te proberen of om ervaren hulp te zoeken. Training moet leuk zijn, of het nu gaat om basismanieren of om een hondensport!

HOOFDSTUK 9

Basiscommando's voor Gehoorzaamheid

"Ze kunnen een beetje controlerend zijn in actieve situaties. Ik noem ze de 'pretpolitie'. Een goede band met je hond opbouwen door gehoorzaamheid en goede manieren te trainen helpt enorm. Een goede 'af en blijf', 'laat' of 'genoeg' commando is absoluut noodzakelijk. Beide gedragingen zijn instinctief, dus een uitlaatklep zoals Treibball (een grote bal rond de tuin drijven) kan helpen, of gewoon een leuke sportles. Sommige Aussies raken gefrustreerd als ze geen uitlaatklep hebben en beginnen dan overmatig te blaffen."

Melonie Eso
WCK Aussies

Foto met dank aan
Hope Bailey

Gehoorzaamheidstraining moet niet als optioneel worden beschouwd – het is een essentieel onderdeel van je verantwoordelijkheid tegenover je Australian Shepherd. Hoewel honden duizenden jaren zijn gefokt om deel uit te maken van de mensenwereld en taken uit te voeren die ons leven verbeteren, komen ze niet voorgeprogrammeerd met kennis over wat we van hen verwachten. Het is onze taak om honden te leren wat de verwachtingen van mensen zijn, op een manier die zij kunnen begrijpen! Basisgehoorzaamheidstraining is de eerste stap in die reis.

Tips voor Succesvolle Training

Er bestaat geen universele methode om een commando aan te leren of een probleemgedrag aan te pakken. Wat voor de ene hond werkt, werkt misschien niet voor de andere. In dit hoofdstuk behandelen we de meest voorkomende methoden om zeven basiscommando's of -gedragingen aan te leren.

De meeste honden pikken fysieke signalen, zoals handgebaren, sneller op dan verbale commando's. Dit is logisch vanuit het perspectief van een hond, aangezien zij voornamelijk met elkaar communiceren via lichaamstaal. Onze stemmen kunnen aanzienlijk veranderen afhankelijk van onze emoties op een bepaald moment, maar een eenvoudig gebaar met onze hand is meestal vrij consistent. Honden zijn extreem gevoelig voor subtiele signalen en veranderingen, dus wees je bewust van je lichaamstaal en stemtoon wanneer je met je Aussie werkt. Een opgewonden commando kan iets anders betekenen dan een commando dat op een kalme of gefrustreerde toon wordt gegeven, tenzij je hond heeft geleerd dat ze hetzelfde betekenen. Als je een hond leert zitten met een handgebaar en je gebruikt altijd je rechterhand, dan moet hij ook leren dat hetzelfde signaal met de linkerhand ook 'zit' betekent!

Wanneer je een verbaal commando aanleert, wacht dan met het gebruiken van je woord voor het gedrag ("zit", "af", enz.) totdat de hond het gedrag echt begint te begrijpen. Zorg ervoor dat je de aandacht van je hond hebt voordat je een commando geeft, en geef altijd maar één commando tegelijk. Als je drie keer achter elkaar 'zit!' zegt en pas na de derde keer gaat je hond zitten, zal hij denken dat het hele 'zit, zit, zit!' het commando is, en niet dat één keer 'zit' genoeg was. Begrijp dat de meeste honden niet goed generaliseren. Ze kunnen leren om consequent op commando te zitten in je keuken, maar zodra je ze naar een andere kamer of naar buiten neemt, moeten ze leren dat "zit" in de keuken hetzelfde is als overal elders. Oefen op verschillende plekken – verschillende kamers in je huis, de voortuin, de

Foto met dank aan
Kayla Umbaugh

achtertuin, in het park en in hond vriendelijke winkels. Het is ook makkelijker om nieuwe commando's eerst aan te leren in een omgeving met minder afleiding (zoals thuis), en dan de afleiding te verhogen (trainen in het openbaar) naarmate je hond het commando beter begrijpt.

Zorg ervoor dat de sessies kort blijven – 5-10 minuten is meestal voldoende. Houd de training positief en leuk. Eindig altijd op een positieve noot. Als je Aussie ergens moeite mee heeft, vraag hem dan om een gedrag dat hij wel kan uitvoeren, en beëindig de sessie daar. Na een trainingssessie helpt een korte pauze van vijf minuten in een bench honden vaak om te verwerken wat ze net hebben geleerd.

Gedragsmarkering En Vrijgeefwoorden

Voordat je begint met het aanleren van gehoorzaamheidscommando's, heb je een manier nodig om aan je Aussie te communiceren dat hij iets goed heeft gedaan. Dit heet een gedragsmarker. Je moet ook een vrijgeefwoord aanleren – dit vertelt je Aussie dat hij een positie mag verlaten (zoals zit, af, enzovoort).

Gedragsmarkers zijn een manier om je hond te vertellen "dat was goed; er komt een beloning!" Het kan een woord zijn, zoals "Ja!" of "Goed.", zolang het altijd hetzelfde is. Markers kunnen ook een hulpmiddel zijn dat een clicker wordt genoemd, die een klikgeluid maakt wanneer je op een knop drukt. Het voordeel van een clicker is dat het altijd precies hetzelfde klinkt, terwijl je stem kan veranderen afhankelijk van je emoties. Beide methoden zullen echter bevredigende resultaten opleveren, en je kunt ze allebei gebruiken.

Voordat je een gedragsmarker gebruikt, moet je deze 'opladen' – dat wil zeggen, je moet er betekenis aan geven zodat je hond de kracht ervan begrijpt. In het begin zal je Aussie niet begrijpen dat een klik of een "ja" iets betekent. Om een marker op te laden, neem je een handvol kleine, bij voorkeur zachte hoogwaardige beloningen waar je Aussie echt van houdt. Magere kaasstrings of zachte commerciële trainingsbeloningen zijn goed. Laat je hond naar je toe komen. Gebruik je marker, pauzeer even, en geef dan een beloning. Herhaal dit 10 keer. Het moet zijn: ja/klik, pauze, beloning, pauze; ja/klik, pauze, beloning, pauze. Beëindig de sessie en herhaal de volgende dag. Tegen die tijd heeft je Aussie waarschijnlijk begrepen dat de marker betekent dat er goede dingen aankomen!

Het gebruik van een gedragsmarker vereist een uitstekende timing. Je moet je marker gebruiken op het exacte moment dat je Aussie het gewenste gedrag vertoont. Als je je hond vraagt om te zitten, wil je het gedrag markeren zodra zijn achterwerk de grond raakt. Hoe beter je timing, hoe sneller je hond een gedrag zal leren.

Vrijgeefwoorden zijn belangrijk omdat ze de hond leren dat hij in een positie moet blijven totdat jij hem anders vertelt. Dit is een basis voor het blijven. In plaats van "zit" en "blijf" als twee afzonderlijke commando's te zien, is het vanuit het perspectief van de hond logischer als je bij het aanleren van "zit" hem leert dat hij moet blijven zitten totdat je hem vrijgeeft. Veelgebruikte woorden voor vrijgeven zijn "oké", "vrij" of "los". Kies er één, en onthoud altijd dat wanneer je je hond een positiecommando geeft zoals zit of blijf, dat jij degene bent die hem moet vrijgeven. Als hij beweegt voordat je hem vrijgeeft, corrigeer hem dan zachtjes door hem terug in de positie te plaatsen. Zorg ervoor dat je hem vrijgeeft voordat hij het zelf doet en beloon hem daarna met wat aandacht of lof. Als algemene regel geldt dat je geen beloningen moet geven na een vrijgave, aangezien de vrijgave zelf de belangrijkste beloning is.

Basiscommando's

Zit

Om "zit" aan te leren, trek eerst de aandacht van je hond. Houd een kleine beloning tussen je vingers en laat je hond ruiken wat je hebt. Beweeg de beloning nu langzaam omhoog over zijn neus en hoofd. De neus van je hond moet omhoog en naar achteren kantelen om de lokker te volgen. Ter-

wijl dit gebeurt, heeft zijn achterwerk de neiging om naar beneden te gaan. Zodra zijn achterwerk de grond raakt, gebruik je onmiddellijk je marker en beloon je! Herhaal dit nog een paar keer voordat je een pauze neemt. Als je hond de neiging heeft om achteruit te lopen in plaats van te zitten, probeer dan de lokker hoger en langzamer te bewegen. Je kunt dit ook tegen een muur of in een hoek proberen om te voorkomen dat je Aussie achteruit loopt. Zodra je hond begint te begrijpen wat je vraagt, kun je het verbale commando toevoegen (d.w.z. "zit") en beginnen met het 'vervagen van de lokker'. Het vervagen van de lokker is wanneer je begint het gedrag

Foto met dank aan Colleen Bradley

94

te vragen zonder het voer te gebruiken om de hond in positie te lokken. Gebruik voer om de andere keer, elke derde of vierde keer, en elimineer het dan volledig. Op dit punt zou je in staat moeten zijn om simpelweg je hand met de palm omhoog te heffen om hem te laten zitten. Je moet nu ook je vrijgeefwoord gebruiken voordat de hond opstaat. Hij zou op dit punt slechts enkele seconden moeten blijven zitten.

Af

Om je hond te leren liggen, trek eerst de aandacht van je hond en zeg hem te zitten. Neem een kleine beloning tussen je vingers, houd deze voor zijn neus en laat je hond ruiken wat je hebt. Laat nu je hand recht naar de grond zakken. Je hond zou moeten beginnen te hurken om de lokker te volgen. Zodra dit gebeurt, gebruik je onmiddellijk je marker en beloon je! Je hond hoeft in het begin niet helemaal naar de grond te gaan. Herhaal dit nog een paar keer, waarbij je je hand elke keer dichter bij de grond laat zakken. Als je hond de neiging heeft om op te staan, lok je misschien met je hand te ver voor de hond of laat je je hand te snel zakken. Zodra je hond begint te begrijpen wat je vraagt, kun je het verbale commando "af" toevoegen en beginnen met het vervagen van de lokker. Uiteindelijk zou je in staat moeten zijn om je hand naar de grond te laten zakken om hem te laten liggen. Onthoud, zodra hij begrijpt wat het commando om te gaan liggen betekent, moet jij degene zijn die hem vrijgeeft.

Blijf

Op dit punt zou je hond een goed begrip moeten hebben van de commando's zit en af. Je zult ook al de basis hebben gelegd voor een solide "blijf" commando door een vrijgeefwoord te gebruiken. Nu ga je de tijd voor het vrijgeven verlengen. Vraag je hond om te zitten. Wacht drie seconden, gebruik je marker, beloon, en geef vrij. Herhaal dit een paar keer in een zit, en nogmaals in een liggende positie. Verhoog elke sessie de tijd met 3-5 seconden. Als hij opstaat voordat je hem vrijgeeft, plaats hem dan terug in de positie en verminder de tijd met een paar seconden. Wanneer hij heeft geleerd om in positie te blijven terwijl jij stil voor hem staat, kun je

Foto met dank aan Lauren Kilby

een verbaal commando "blijf" toevoegen en beginnen met het toevoegen van afleidingen. Probeer eerst een stap opzij te zetten of je armen te bewegen en beloon hem als hij blijft. Verhoog de moeilijkheidsgraad een beetje bij elke sessie. Ga een stap terug als je hond moeite lijkt te hebben. Uiteindelijk zou je helemaal om hem heen moeten kunnen lopen, twintig meter weg kunnen lopen, en jumping jacks kunnen doen terwijl hij blijft. Dit kost tijd en creatieve volharding. Elke nieuwe afleiding is een nieuwe uitdaging voor je hond.

Kom

Om je hond te leren betrouwbaar te komen wanneer hij wordt geroepen, moet je dit commando het meest geweldige ter wereld maken voor je hond. Begin met het roepen van de naam van je hond en een commando zoals "kom" of "hier" wanneer je in huis bent. Gebruik je marker en beloon hartelijk met vrolijke lof en een voerbeloning wanneer hij naar je toe komt. Gooi een klein feestje! Wanneer hij betrouwbaar naar je toe komt in huis, neem hem dan mee naar buiten en werk aan een lijn van 6 meter of in een veilig omheind gebied. Wanneer hij op afstand van je komt, roep zijn naam en je commando om te komen. Prijs hem verbaal wanneer hij naar je toe komt en beloon hem enthousiast wanneer hij je bereikt. Straf of berisp je hond nooit wanneer hij naar je toe komt. Het enige wat je hond leert,

Foto met dank aan
Sheila Romanski

is dat naar je toe komen betekent dat hij gestraft zal worden, en daarom zal hij je juist vermijden. Als je je hond moet roepen om iets onaangenaams te doen, zoals een bad, neem dan even de tijd om hem te belonen voordat je hem in de badkuip zet! Beloon je hond altijd voor het komen, hoe gefrustreerd je ook bent. Je hond leren om betrouwbaar te komen is belangrijk voor zijn veiligheid; het kan zijn leven redden als hij los zou raken of in een levensbedreigende situatie zou komen.

Geef/Los

Zie dit commando als een ruil. Je wilt dat je hond vrijwillig aanbiedt wat hij heeft in de overtuiging dat je hem iets beters in ruil zult geven. Om je hond te leren "geef" of "los", roep je hond met beloningen in de hand naar je toe en bied een speeltje aan, of wacht tot hij uit zichzelf met je speelt. Laat je hond dan de beloning zien, en zodra hij het speeltje laat vallen, gebruik je je marker en beloon je hem met de beloning. Geef het speeltje terug en herhaal dit nog een paar keer. Als je hond interesse in het speeltje verliest, is dat oké, beëindig dan gewoon de sessie. Als je merkt dat je hond meer geïnteresseerd is in het speeltje dan in je beloningen, probeer dan een item van lagere waarde of probeer andere beloningen. Je wilt dat het voer belangrijker is dan het speeltje! Wanneer je hond het speeltje gemakkelijk laat vallen bij het aanbieden van een beloning, probeer dan de beloningen in je hand achter je rug te houden en met de andere hand naar het speeltje te reiken. Als je hond het niet laat vallen, bied dan opnieuw voer aan en herhaal de eerste stap nog een paar keer. Begin uiteindelijk te oefenen met items van hogere waarde, zoals veilige eetbare hondensnacks of speeltjes van hogere waarde. Je hond leren om voorwerpen op commando te laten vallen is erg belangrijk voor het geval ze op iets onveilig of giftig kauwen.

Lopen aan de Lijn

Je hond leren om netjes aan de lijn te lopen kost tijd en consistentie. Hoe eerder je de basisregels vaststelt, hoe minder problemen je op de lange termijn zult hebben. Ten eerste moet je hond leren dat trekken hem nergens brengt. Laat je hond nooit aan je trekken. Nooit. Als je hond begint te trekken, stop dan onmiddellijk. Meestal is dat genoeg om hem te laten stoppen en naar je om te laten kijken om te zien waarom je bent gestopt. Wanneer hij zich omdraait om naar je te kijken, gebruik je je marker en beloon je. Probeer weer vooruit te stappen, en beloon wanneer hij een paar stappen bij je blijft, dan vijf tot zes stappen. Je kunt op elk moment verbale lof gebruiken, maar probeer de voerbeloningen zo te spreiden dat de hond er niet afhankelijk van wordt. Als je een hond hebt die blijft trekken, zelfs wanneer je stopt en je grond houdt, begin dan achteruit te lopen. Blijf achteruit lopen totdat hij naar je kijkt, gebruik dan je marker en beloon. Zorg ervoor dat je je Aussie prijst en beloont wanneer hij dicht genoeg bij je blijft om gedurende meerdere stappen een slappe lijn te hebben. Onthoud, honden gedijen op consistentie. Als je ze één keer laat wegkomen met trekken aan de lijn, zullen ze het de volgende keer weer doen en kan je harde werk snel ongedaan worden gemaakt. Zelfs ervaren honden hebben af en toe herinneringen nodig aan goede lijnmanieren!

Training kost tijd en doorzettingsvermogen, maar de beloning van het hebben van een Aussie die volledig begrijpt wat er van hem wordt verwacht, zal het leven beter maken voor zowel jou als je hond. Australian Shepherds leven om de mensen van wie ze houden te behagen, en er is niets wat ze niet voor je zullen doen!

HOOFDSTUK 10
Omgaan met Ongewenst Gedrag

Ongewenst gedrag bij honden wordt veroorzaakt door verschillende factoren – ontwikkelingsfasen bij pups, verveling of overtollige energie, aangeboren temperamentproblemen, en onduidelijke of dubbelzinnige verwachtingen van onze kant. Honden doen niet opzettelijk dingen om mensen te frustreren of teleur te stellen. Helaas begrijpen veel mensen hun hond verkeerd en schrijven menselijke gedachten en gevoelens aan hen toe, wat vaak de honden die we liefhebben tekortdoet. Onthoud: je hond is geen mens in een vacht – hij is een gedomesticeerde carnivoor die in een mensenwereld leeft. Hij is uitstekend aangepast om aan jouw zijde te

Foto met dank aan
Joshua Martin

leven, maar hij blijft een hond. Vaak moeten we even stilstaan en de wereld vanuit het perspectief van onze hond bekijken.

Wat is Slecht Gedrag bij Honden?

Veelvoorkomende problemen bij Australian Shepherds zijn het kauwen op huishoudelijke voorwerpen en ander destructief gedrag, waaronder blaffen, op mensen of meubels springen, en in hielen bijten. Bedenk echter opnieuw dat je Aussie niet probeert ongehoorzaam te zijn of je teleur te stellen. Waarschijnlijk worden zijn behoeften niet vervuld, of heb je niet duidelijk gemaakt wat wel en niet acceptabel gedrag voor hem is.

Probleemgedrag Voorkomen

"De meeste Aussies willen een taak hebben om gelukkig te blijven. Ze zoeken naar manieren om te helpen en zullen zelf taken verzinnen als jij ze er geen geeft."

Allison Lutterman
DreamWinds

Preventie is essentieel om zo min mogelijk gedragsproblemen te hoeven aanpakken. Dit begint vaak helemaal aan het begin, bij het kiezen van een pup om mee naar huis te nemen. Het overwegen van individueel temperament en de manier waarop pups door hun fokker worden grootgebracht, heeft een enorme levenslange impact op je Aussie. Overdreven schuwe, angstige of agressieve ouderhonden produceren vaak nakomelingen met dezelfde problemen die ze zelf hebben. Deze ingesleten temperamentfouten kunnen vaak een voorbode zijn van talloze andere moeilijkheden in het latere leven, en hoewel de meeste tot op zekere hoogte kunnen worden verzacht, is dit in het beste geval vaak uitdagend en tijdrovend.

Nadat je je Aussie mee naar huis hebt genomen, is het leggen van een basis met duidelijke verwachtingen essentieel. Hanteer een alles-of-niets benadering. Bedenk wat je zelf hebt gedaan om dit gedrag te voeden. Vaak veroorzaken of stimuleren we zelf het gedrag dat we storend vinden! Begrijp ook dat puppy's en zelfs volwassen honden die nieuw zijn in je huishouden nog steeds de regels aan het leren zijn. Ze zullen fouten maken, en dat is normaal. Vooral puppy's zijn onbeschreven bladen, en ze doorlopen ontwikkelingsfasen waarin ze de regels tijdelijk lijken te vergeten. Geduld, her-haling en consequentie zullen jullie beiden door deze fasen heen helpen.

De derde sleutel tot preventie is ervoor zorgen dat aan de fysieke en mentale behoeften van je Aussie wordt voldaan. Wanneer ze niet genoeg lichamelijke of mentale beweging krijgen, uit zich dit vaak in overmatig de-structief of dwangmatig gedrag. Zorg ervoor dat ze elke dag voldoende be-weging krijgen, en besteed tijd aan training en spelen met ze!

"Aussies moeten RENNEN! Niet zomaar een rustig wandelingetje om het blok, maar voluit rennen. Ik kan dat niet genoeg benadrukken. Het zijn werkhonden die hun lichaam en geest moeten trainen. Hersenspel-letjes kunnen helpen wanneer het weer niet meewerkt. Puzzels, trucjes en training zijn allemaal goed. Wees vastbesloten om dit ras elke dag te laten bewegen, anders heb je een gestreste, destructieve hond in huis."

Gayle Silberhorn
Big Run Aussies

Slechte Gewoonten Verhelpen

Kauwen

De behoefte van een hond om te kauwen is volkomen natuurlijk – dit versterkt zijn kaak en helpt zijn tanden schoon te houden. Vooral puppy's zijn geneigd meer te kauwen vanwege het tandjes krijgen, net als mensenbaby's. De eerste stap naar het oplossen van ongepast kauwen is het erkennen van die natuurlijke behoefte door een verscheidenheid aan speeltjes aan te bieden die veilig, goed gemaakt en bedoeld zijn voor je Aussie. Deze moeten altijd beschikbaar zijn voor je hond. Vervolgens moet je proberen verleiding buiten bereik te houden, vooral voor jonge puppy's. Ruim schoenen, kinderspeelgoed en andere voorwerpen op die je Aussie zou kunnen pakken. Houd je Aussie in zijn bench met een paar speeltjes wanneer je er niet bent om hem in de gaten te houden. Als hij toch iets ongepasts te pakken krijgt, zeg dan kalm maar beslist "Nee!" of "Ah ah!". Verwijder het voorwerp en bied in plaats daarvan een van zijn eigen speeltjes aan. Wanneer hij het aanneemt, vergeet dan niet hem te prijzen.

Als je Aussie vastbesloten is om op een ongepast voorwerp of meubelstuk te kauwen, probeer dan een bittere appelspray als kauwafweermiddel op het voorwerp te gebruiken. De vieze smaak ontmoedigt dit gedrag snel en kan helpen de gewoonte te doorbreken door een negatieve associatie met het voorwerp te creëren.

Graven

Dit gedrag kan voortkomen uit verveling, ontsnappingspogingen, het achtervolgen van prooi zoals mollen, een manier om koel te blijven, of vanwege de wens om speeltjes en traktaties voor later te bewaren. Graven vormt op zich geen probleem voor je hond, maar kan aanzienlijke schade aan je tuin veroorzaken. Zorg er allereerst voor dat je Aussie voldoende speeltjes heeft en genoeg lichaamsbeweging en mentale stimulatie krijgt. Als het weer warm is, zorg dan voor voldoende koele schaduw of houd hem binnen tijdens de warmste delen van de dag. Als hij echt gewoon graag graaft, overweeg dan om een speciale zandbak voor je Aussie in een schaduwrijk gebied te hebben.

Als je hem betrapt op graven op een ongepaste plek, onderbreek het gedrag dan met een kalm maar krachtig "Nee!" en leid hem naar zijn aangewezen graafplek of een geschikt speeltje. Vaak zal een hond terugkeren naar een gat zodra het is begonnen, dus ontmoedig verder graven in dat gebied door er stenen of kippengaas overheen te plaatsen. Sommige honden worden ontmoedigd wanneer je een paar stukjes van hun eigen uitwerpselen op de bodem van een gat legt voordat je het opvult.

Verlatingsangst

De stress die dit probleem kan veroorzaken voor honden en de mensen die van hen houden, kan aanzienlijk zijn. Verlatingsangst ontstaat wanneer je hond milde tot ernstige stress ervaart als hij alleen wordt gelaten, of wanneer hij wordt gescheiden van een persoon of andere hond in huis waaraan hij bijzonder gehecht is. Tekenen van verlatingsangst kunnen zijn: ijsberen, blaffen en janken, kwijlen, hijgen, trillen, destructief gedrag zoals kauwen of krabben aan deuren en ramen, of in huis plassen of poepen. Het is belangrijk om het verschil te kunnen zien tussen echte verlatingsangst en andere gedragsproblemen – ongelukjes in huis kunnen bijvoorbeeld gewoon wijzen op de behoefte aan betere zindelijkheidstraining, niet op angst.

Als je hond milde tot matige verlatingsangst heeft, overweeg dan benchtraining en besteed tijd aan het opbouwen van een zeer positieve associatie met de bench. Sommige honden met milde angst voelen zich veiliger in hun bench wanneer ze alleen worden gelaten. Zet je Aussie gedurende de dag voor korte periodes in zijn bench en voeg altijd speciale traktaties of speeltjes toe. Vermijd om hem alleen in zijn bench te zetten wanneer je van plan bent weg te gaan. Je wilt niet dat je hond de bench altijd associeert met een negatieve gebeurtenis zoals alleen gelaten worden.

Foto met dank aan Amanda Gabriel

Zorg ervoor dat je je hond grondig laat bewegen voordat je hem voor langere tijd alleen laat. Als hij moe is, heeft hij minder energie voor destructief gedrag. Begin ook met het doorbreken van de routine die je volgt voordat je het huis verlaat. Als je normaal gesproken je schoenen aantrekt, je sleutels pakt en dan vertrekt, trek dan in plaats daarvan je schoenen aan en ga dan een paar minuten aan tafel zitten. Maak je routine elke dag een beetje anders en wees onvoorspelbaar. Dit zal helpen voorkomen dat de angst van je Aussie toeneemt, omdat hij niet langer weet welke gebeurtenissen voorafgaan aan je vertrek. Wanneer je uiteindelijk vertrekt, zorg er dan voor dat je kalm blijft en vermijd het tonen van emotie. Zet je hond rustig in zijn veilige ruimte of bench met een speeltje gevuld met traktaties of een kauwbot en loop gewoon weg. Onze emotie of pogingen om onze honden te troosten maken de zaken vaak alleen maar erger en vergroten hun angst.

Bijten en Happen

Happen en speels bijten is een natuurlijk onderdeel van het spel van puppy's met elkaar; menselijke huid scheurt echter veel gemakkelijker dan die van een hond! Dit gedrag kan onveilig worden als het niet vanaf het begin wordt ontmoedigd. Als je hond of puppy speels naar je hapt of bijt, zeg dan "Nee!" en stop abrupt met alle aandacht. Loop weg en kijk niet naar hem, raak hem niet aan en praat niet tegen hem. Na een paar minuten kun je rustig weer contact maken met de hond. Herhaal dit proces als hij opnieuw probeert te happen. Hij zal snel leren dat wanneer hij zijn bek op jou gebruikt, alle plezier stopt.

Als je Aussie graag in hielen bijt, vooral wanneer een persoon of kind beweegt, zeg dan eerst "Nee!" en stop alle beweging. Vraag hem om een trucje uit te voeren, of een taak zoals zitten/blijven om zijn aandacht af te leiden. Beloon hem wanneer hij gehoorzaamt. Bijzonder vastberaden hielenbijters hebben in het begin misschien bittere appelspray op je broek nodig om dit gedrag verder te ontmoedigen.

Springen op Mensen en Meubels

Dit is een probleemgedrag dat mensen vaak onbedoeld aanmoedigen. Het toestaan van poten op meubels of mensen moet een alles-of-niets regel zijn. Je kunt je Aussie niet de ene dag ontmoedigen om op je te springen om je te begroeten, maar hem de volgende dag uitnodigen om omhoog te komen. Dit verwart je hond alleen maar en maakt het moeilijk of onmogelijk voor hem om je verwachtingen te begrijpen. Iedereen die met je Aussie in contact komt, moet deze regels ook volgen. Als het niet oké is voor je hond om op jou te springen, zou het ook niet oké moeten zijn om op andere mensen te springen.

Onthoud dat je je Aussie nooit moet belonen voor het op je springen. Vaak proberen mensen honden weg te duwen of te berispen. Je raakt ze dan echter aan en geeft ze aandacht - beide ziet je Aussie als beloningen. Als hij op je springt, draai dan onmiddellijk je rug naar hem toe. Kijk niet naar hem, raak hem niet aan en praat niet tegen hem. Wanneer je Aussie met alle vier de poten op de grond staat, prijs hem dan rustig en probeer hem opnieuw te aaien en te begroeten. Je moet dit misschien een paar keer herhalen, maar hij zal snel leren (met af en toe herinneringen) dat vier po-ten op de grond hem de aandacht oplevert waar hij naar verlangt. Oefen dit ook met een andere persoon en je Aussie aan de lijn; laat je assistent je Aussie komen begroeten terwijl jij de lijn vasthoudt. Als je hond probeert op de persoon te springen die hem begroet, moet die persoon onmiddellijk achteruit stappen, buiten bereik. Zodra hij weer met alle vier de poten op de grond staat en de hond rustig is, kan de assistent opnieuw proberen te naderen en hem rustig belonen met traktaties of lof en affectie als de hond de verleiding weerstaat om op te springen.

Honden op meubels of in bed toestaan is vaak een kwestie van per-soonlijke voorkeur. Begrijp echter dat het gemakkelijker is om in het begin grenzen te stellen (en later privileges toe te staan) dan om een aangeleerd gedragspatroon later ongedaan te maken. Als je besluit dat je liever niet wilt dat je Aussie op meubels mag, maak dan een aparte plek voor hem – een zacht hondenbed is een goede keuze. Als hij op de meubels klimt, zeg dan kalm maar beslist "Nee!" en roep of lok hem eraf. Neem een favoriet speeltje of een speciaal kauwbot en gebruik het om hem naar zijn eigen plek te leiden. Prijs hem wanneer hij zich in plaats daarvan op zijn eigen meubel nestelt!

Ongepast Gedrag met Andere Huisdieren

Meestal komt dit probleem in de vorm van het pesten van andere huis-dieren in het huishouden. Als je Aussie te ruw wordt tijdens het spelen en dingen doet zoals bodyslams, in de nek bijten, of de andere hond op zijn rug dwingen, is het tijd om in te grijpen. Doe een platte gesp-halsband om je Aussie en bevestig een lijn van minstens 2 meter lang voordat je hem laat spelen. Wanneer je ongepast gedrag ziet, zeg dan onmiddellijk "Nee!" of "Ah-ah!" op een ferme maar kalme toon en neem hem aan de lijn om het plezier te laten stoppen. Het helpt ook om situaties te ontladen voordat ze escaleren – als je ziet dat je Aussie te opgewonden raakt, roep hem dan bij je en beloon hem voor het gehoorzamen. Vraag hem om een trucje te doen of te zitten/blijven en beloon hem voordat je hem weer laat spelen. Je kunt deze methoden ook gebruiken om je Aussie te stoppen met het achtervol-gen van of ruw spelen met katten en andere huisdieren. Vergeet niet hem te prijzen en te belonen wanneer hij netjes speelt of rustig omgaat met je andere huisdieren.

Grommen en Blaffen

Honden communiceren voornamelijk via lichaamstaal en geur, maar vocalisaties spelen ook een rol. Blaffen kan gebeuren tijdens het spelen, of dienen als waarschuwing of alarm. Het meeste geblaf is overmatig alarmgeblaf bij een raam of in de tuin. Om dit te beheersen, onderbreek je je hond met een krachtig "Nee!" en leid je hem af naar een speeltje of vraag je hem om ander gedrag of een trucje uit te voeren. Beloon en prijs hem wanneer hij gehoorzaamt.

Grommen kan gebeuren tijdens het spelen, zoals tijdens een spelletje trekken; of het kan een serieuze waarschuwing zijn die voorafgaat aan een beet en moet altijd serieus worden genomen. Straf je hond nooit voor grommen, want dit leert hem alleen maar om geen waarschuwing te geven en creëert een zeer gevaarlijke situatie. Meestal is je hond ongemakkelijk of bang en is dit zijn manier om wat zijn angst veroorzaakt te laten weten dat het moet ophouden. Als je hond naar jou of een familielid gromt, zoek dan professionele hulp.

Wanneer een Professional Inschakelen

Potentieel gevaarlijk probleemgedrag, zoals bijten, agressie of extreme schuwheid, evenals gedragsproblemen waaraan je al weken of maanden werkt zonder merkbare vooruitgang, moeten altijd worden beoordeeld door een dierengedragsdeskundige of een professionele trainer die gespecialiseerd is in dit soort gevallen. Helaas kan het, wanneer je midden in een ernstig probleem zit, moeilijk zijn om te zien waar het misgaat totdat je een expert hebt die de situatie van buitenaf observeert.

Een gedragsdeskundige zal meestal een telefoongesprek of persoonlijk interview met je hebben en veel vragen stellen over je hond en de problemen waarmee je wordt geconfronteerd. Vervolgens zullen ze een persoonlijke ontmoeting regelen om te proberen het gedrag te observeren en oplossingen aan te bieden die zijn toegesneden op jouw specifieke omstandigheden. Vaak is wat wij denken dat de oorzaak is, helemaal niet het kernprobleem. Na je evaluatie zal de gedragsdeskundige je aanbevelingen geven om thuis aan te werken en vervolgbeoordelingen plannen om ervoor te zorgen dat er vooruitgang wordt geboekt.

Het oude gezegde "voorkomen is beter dan genezen" kan niet meer waar zijn als het gaat om het opvoeden en trainen van je Aussie. Echter, zelfs de meest voorbereide eigenaren kunnen en zullen van tijd tot tijd tegen problemen aanlopen, en dat is oké! Leer problemen vroeg te herkennen en werk eraan om ze te corrigeren voordat ze een groot probleem worden. Schaam je nooit om advies te vragen aan een gekwalificeerde professional. Veel ernstige gedragsproblemen zouden kunnen worden vermeden als we om hulp zouden vragen wanneer we het voor het eerst nodig hebben.

HOOFDSTUK 11
Reizen met je Australian Shepherd

"Ze willen overal met je mee naartoe."

Allison Lutterman
Dream Winds Australian Shepherds

Aussies worden vaak klittenbandjes genoemd, en dat is niet voor niets – de meeste willen voortdurend als je schaduw zijn. Ze zijn geweldige reisgenoten en genieten ervan om onderweg met hun mensen avonturen te beleven. Er zijn echter ook momenten waarop ze thuis moeten blijven. In dit hoofdstuk bespreken we hoe je het reizen met je Aussie veilig en soepel laat verlopen - en daarnaast, hoe je hem het beste veilig en comfortabel kunt houden wanneer hij niet met je mee kan.

Foto met dank aan
Karyn Hynd

Hondendragers en Autobeveiligingen

"Mijn Australian Shepherds zijn uitstekende reisgenoten. Ze genieten van autoritten. Aussies zijn enorm aanpasbaar zolang hun mens erbij betrokken is. Ze moeten echter wel beveiligd worden met hondengordels of benches."

Francine Guerra
Alias Aussies

Benches zijn altijd de veiligste plek voor je hond tijdens autoritten. Ze moeten groot genoeg zijn zodat je hond er comfortabel in kan staan en zich kan omdraaien. Benches gemaakt van sterkere materialen zoals aluminium of staal bieden betere bescherming bij een ongeval dan die van stof of plastic. De veiligste plek voor benches is op de vloer of achterin het voertuig. Door benches stevig vast te maken, voorkom je dat ze verschuiven of bewegen bij een ongeval.

Hondengordels worden steeds populairder en kunnen een goed alternatief zijn voor een bench als je voertuig daar geen ruimte voor heeft. Ze moeten een tuigmodel zijn

Foto met dank aan Megan Rogers

dat goed past, met brede, goed gepolsterde banden om de kracht van een botsing zo goed mogelijk te verdelen. De riemen moeten kort zijn en aan de achterkant van het tuig bevestigd worden, niet bij de nek. Idealiter zit je hond altijd op de achterbank van het voertuig. Ontplooiende airbags of het falen van het tuig op de voorstoel kunnen je Aussie ernstig verwonden of zelfs doden.

Voorbereiden op Reis

De hoeveelheid voorbereiding die nodig is voor een reis met je Aussie zal waarschijnlijk sterk variëren, afhankelijk van waar je naartoe gaat en hoe lang je weg zult zijn. Zorg ervoor dat je Aussie de tijd krijgt om zijn behoefte te doen voordat je op pad gaat. Dit geldt voor korte en lange ritten. Vermijd het geven van een maaltijd binnen enkele uren voor de reis, vooral als hij gevoelig is voor wagenziekte of nog een pup is. Ruim alle spullen of rommel op als je hond niet in een bench zit, en zorg ervoor dat er niets naast een bench ligt dat door de spijlen getrokken en gekauwd kan worden.

Het is uiterst belangrijk dat je Aussie identificatie bij zich heeft als je op reis bent. Huisdieren kunnen tijdens het reizen kwijtraken, en ze zijn veel moeilijker terug te vinden op een onbekende locatie. De beste optie voor alle honden, of ze nu vaak reizen of niet, is een microchip. Deze permanente vorm van identificatie, ongeveer zo groot als een rijstkorrel, wordt onder de huid van je Aussie geïmplanteerd met een uniek identificatienummer. Het nummer kan vervolgens in een landelijke database worden geregistreerd. Als je Aussie ooit kwijtraakt en wordt gevonden, hebben dierenopvangorganisaties en dierenartspraktijken scanners die het ID-nummer kunnen lezen en het naar jou kunnen herleiden. De tweede optie, die ook goed kan zijn voor aanvullende en snelle identificatie, is een passende platte gesp-halsband met je contactgegevens erop geschreven of geborduurd. Penningen worden vaak gebruikt, maar kunnen blijven haken en afbreken. Als je penningen gebruikt, zorg er dan voor dat ze stevig vastzitten.

Bij het inpakken voor een langere reis is het handig om een lijstje te maken van dingen die je moet meenemen. Dit omvat voer, voerbakken, eventuele medicijnen of supplementen, een reserve-bench, zakjes voor het opruimen van uitwerpselen en speeltjes. Houd altijd keukenpapier en zakjes voor afval bij de hand in je voertuig. Je hebt ze nooit nodig totdat je ze niet bij je hebt! Het is ook verstandig om een kopie van het rabiësvaccinatiebewijs van je Aussie bij je te hebben voor noodgevallen, aangezien de meeste gemeenten vereisen dat honden gevaccineerd zijn.

Hoewel de meeste Aussies graag met hun baasjes meerijden, zijn sommige in het begin bang. Begin bij nieuwe puppy's of honden die bang zijn langzaam met de introductie van het voertuig. Begin met de motor uit en zet je hond een minuut of twee in de auto. Beloon hem met snoepjes en complimenten, en laat hem dan uit het voertuig stappen. Bouw de tijd langzaam op en begin met de motor draaiend of rijd een blokje om voordat je weer thuiskomt. Je Aussie zal autoritten al snel associëren met plezier, vooral omdat hij bij jou mag zijn!

Vliegen en Hotelverblijven

"Aussies zijn geweldige reisgenoten, zolang ze getraind zijn. Ik zou persoonlijk aanraden om een bench mee te nemen als je naar een hotel gaat. Dit is ideaal als je even weg moet om wat te eten, dan zullen ze comfortabel en veilig in hun bench zitten."

Heidi Mobley
Western Hills Australian Shepherds

Het vervoeren van je Aussie per vliegtuig brengt zijn eigen uitdagingen met zich mee, maar met de juiste planning kan het goed verlopen. Australian Shepherds zijn meestal niet klein genoeg om als handbagage meegenomen te worden, tenzij het jonge puppy's zijn. De beperkingen voor handbagage verschillen per luchtvaartmaatschappij en kunnen een goede optie zijn als je een puppy bij een fokker ophaalt. De meeste Aussies zullen in plaats daarvan in een drukgereguleerde vrachtruimte vliegen.

Voordat je van plan bent om met je Aussie te vliegen, neem contact op met de luchtvaartmaatschappij die je gaat gebruiken en noteer hun eisen. Zodra je een vlucht hebt geboekt, moet je een bezoek aan de dierenarts inplannen voor een gezondheidsverklaring en een door de luchtvaartmaatschappij goedgekeurde bench voorbereiden. Benches moeten harde zijkanten hebben (meestal plastic) en groot genoeg zijn zodat de hond comfortabel kan staan, zich kan omdraaien en kan liggen. Ze moeten in goede staat zijn met stevig vastgezette bouten. Voer- en waterbakjes moeten stevig aan de binnenkant van de benchdeur bevestigd zijn, en een zakje brokken moet bovenop de bench geplakt worden. Versnipperde kran-

Foto met dank aan
Chris Weitzner

ten, handdoeken of een absorberend bedje met lage randen volstaan als bodembedekking.

Kom vroeg aan op het vliegveld en zorg ervoor dat je Aussie goed heeft kunnen bewegen en voldoende tijd heeft gehad om zijn behoefte te doen. Vermijd het geven van een grote maaltijd voor de vlucht. Zodra je huisdier aan boord van het vliegtuig is, aarzel dan niet om de luchtvaartmaatschappij te bellen om te controleren of hij zijn aansluitende vluchten heeft gehaald.

Hotelverblijven zijn vaak een noodzakelijk onderdeel van reizen. De meeste hotels staan honden toe, maar velen zijn niet expliciet in hun beleid op hun websites. Als je hotelverblijven boekt en van plan bent om je Aussie bij je te hebben, is het altijd het beste om het hotel te bellen om hen te waarschuwen dat je een hond hebt. Sommige hotels rekenen huisdiertoeslagen, hebben beperkingen op het aantal honden dat je per kamer mag hebben, reserveren kamers speciaal voor gasten met honden, of laten je een aanvullende overeenkomst tekenen om te betalen voor eventuele schade.

Wees altijd attent op anderen en respecteer het hotelbeleid met betrekking tot honden. Laat je Aussie nooit onbeheerd achter in het hotel, houd hem altijd rustig en goed aangelijnd, en zorg ervoor dat je zijn uitwerpselen opruimt. Sommige hotels weigeren honden in de kamers toe te laten nadat

Foto met dank aan Amanda Glazar

dit voorrecht in het verleden door anderen is misbruikt. Onthoud dat het jouw verantwoordelijkheid is om voor je hond te zorgen en hem onder controle te houden!

Hondenpensions vs. Hondenoppas

Soms moet je reizen zonder je Aussie. Hondenpensions en huisdieroppassen zijn goede opties om voor je hond te zorgen terwijl je weg bent. Hondenpensions bieden je hond een toegewezen ruimte in hun faciliteit en bieden mogelijk ook verzorging aan tijdens het verblijf. De meeste hondenpensions hebben mensen in dienst om je hond te voeren, te laten bewegen en schoon te maken, en zijn meestal gelicentieerd en verzekerd. Ze vereisen ook meestal bewijs van vaccinaties, waaronder een kennelhoestvaccinatie.

Huisdieroppassen kunnen daarentegen bij jou thuis komen of je Aussie bij hen thuis houden. Ze hebben misschien maar één of twee honden om voor te zorgen en kunnen meestal meer persoonlijke zorg bieden. Goede huisdieroppassen zijn meestal moeilijker te vinden, maar kunnen een geweldige optie zijn voor sommige honden, vooral degenen die gemakkelijk gestrest raken in een kennelomgeving.

Als je overweegt om je Aussie in een pension te plaatsen of een oppas in te huren, kies dan zorgvuldig. Aarzel niet om de eigenaren van het bedrijf of het kennelpersoneel dat voor je hond zorgt te interviewen. Vraag om de faciliteit of het gebied te zien waar je Aussie zal verblijven. Let op hoe ze omgaan en communiceren met andere klanten en controleer online op positieve of negatieve beoordelingen. Als je je op enig moment bezorgd of onzeker voelt over een situatie, vertrouw dan op je gevoel en zoek elders. Voordat je je Aussie achterlaat, kan het helpen om hem vooraf naar de kennelfaciliteit te brengen of hem de oppas te laten ontmoeten om de overgang gemakkelijker te maken.

Reizen met je Aussie en samen op avontuur gaan kan een geweldige ervaring zijn, met veel leuke herinneringen om te koesteren. Soms kunnen we ze echter gewoon niet meenemen, en voor die momenten is het fijn om een betrouwbaar persoon of team achter de hand te hebben die hen voor korte tijd kan opvangen!

HOOFDSTUK 12
Voeding

"Meestal zal je fokker een dieet aanbevelen dat het beste werkt voor hun honden. Luister naar hen."

Melonie Eso
WCK Aussies

Een gezond, compleet dieet is de hoeksteen van een goede gezondheid, zowel voor honden als mensen. Met honderden merken hondenvoer om uit te kiezen, evenals zelfgemaakte diëten, rauwe voeding, nat versus droogvoer en meer, kan het een overweldigende taak lijken om te bepalen welk voer het beste is voor je Aussie. Dit hoofdstuk helpt je om door de vele keuzes te navigeren die je hebt voor het voeren van je nieuwe huisdier.

Foto met dank aan Lauren Dunning

Het Belang van een Goed Dieet

Honden zijn ongelooflijk aanpasbare wezens en hun dieet is in de loop van duizenden jaren drastisch veranderd. Honden stammen af van wolven, die op prooidieren jaagden voor rauw vlees en organen om aan het grootste deel van hun voedingsbehoeften te voldoen. Naarmate ze gedomesticeerd raakten, pasten ze zich aan om te eten wat de mens weggooide – slachtafval, oud voedsel, broodkorsten en wat ze zelf konden vangen of bij elkaar scharrelen. Het eerste commerciële hondenvoer werd pas in 1860 uitgevonden, dus brokken zijn een relatief nieuwe toevoeging aan het dieet van honden. Tegenwoordig volgen de meeste commerciële voedingsmiddelen voedingsrichtlijnen die zijn vastgesteld door middel van studies en voedingsproeven.

Een Kwalitatief Commercieel Voer Kiezen

Brokken vormen een betaalbaar, gemakkelijk en voedingskundig compleet dieet. Een van de eenvoudigste manieren om de kwaliteit van een merk te bepalen, is door naar de ingrediënten op de verpakking te kijken. Hoe hoger een ingrediënt op de lijst staat, hoe meer ervan in de brokken zit. Dus, afhankelijk van wat je je hond wilt voeren – of het nu vlees, granen of groenten zijn – kijk of dat ingrediënt bovenaan de lijst staat om te weten waar je huisdier het meeste van binnenkrijgt. Vermijd voeding met algemene termen voor dierlijke eiwitten, zoals "dierlijk vet" en "vlees- en beendermeel". De vleessoorten zijn in deze gevallen vaak op zijn minst twijfelachtig. De ingrediënten moeten altijd specifiek zijn, zoals "kip" of "vismeel".

Pas op voor een tactiek die "ingredient splitting" wordt genoemd. De ingrediëntenlijst kan benoemde eiwitbronnen als eerste vermelden, maar vaak zie je behoorlijk wat verschillende soorten granen of peulvruchten op de lijst staan. Hierdoor kan de totale hoeveelheid dierlijk eiwit veel lager zijn dan de totale som van de granen qua gewicht wanneer deze worden gegroepeerd.

Hoewel hondenvoer, net als menselijk voedsel, gekleurd kan zijn om het aantrekkelijker te maken voor de mensen die het kopen, zijn kleurstoffen niet noodzakelijk voor honden en ook niet gezond. Ze kunnen vaak spijsverteringsproblemen veroorzaken zoals braken en diarree bij je Aussie. Probeer hondenvoer te vermijden dat kleurstoffen bevat.

Sommige hondeneigenaren kiezen ervoor om blikvoer te geven in plaats van droge brokken. Blikvoer bevat meer vocht, wat smakelijker is

Foto met dank aan Joanna Feldman

voor kieskeurige eters. De textuur is ook gemakkelijker te consumeren voor oudere honden en jonge puppy's. Kijk ook hier naar de lijst met ingrediënten om te bepalen wat je hond voornamelijk eet.

Hoewel graanvrije voeding een populaire keuze is geworden voor veel hondeneigenaren, suggereert toenemend bewijs dat commerciële graanvrije diëten honden vatbaar kunnen maken voor canine gedilateerde cardiomyopathie (DCM). Er is meer onderzoek nodig, maar veel dierenartsen raden nu aan dat huisdiereigenaren graanvrije diëten vermijden. Als je hond vanwege allergieën of specifieke voedselintoleranties een graanvrij dieet moet volgen, kan je dierenarts aanraden om je hond zorgvuldig te monitoren op symptomen van DCM, waaronder lethargie, gewichtsverlies, hoesten en meer.

Zelfgemaakte Diëten

Hoewel de meeste hondeneigenaren hun huisdieren commerciële brokken geven, worden zelfgemaakte en rauwe diëten steeds populairder. Zelfgemaakte diëten kosten meer tijd om te bereiden en kunnen in sommige gevallen duurder zijn, maar honden met veel voedselallergieën hebben vaak baat bij zelfgemaakte maaltijden. De vitamines, mineralen, vetten en aminozuren zijn verser dan die in veel commerciële brokken. Zorg ervoor dat je Aussie alle benodigde voedingsstoffen binnenkrijgt. Je kunt honden niet simpelweg spiervlees voeren en verwachten dat ze gedijen – ze hebben calcium en andere mineralen uit botten nodig, vitamines uit orgaanvlees en kleine hoeveelheden fruit of groenten, enzovoort. Tekorten ontwikkelen zich meestal na verloop van tijd en kunnen subtiel zijn. Zorg er daarom voor dat je een uitgebalanceerd en gevarieerd dieet voert over een langere periode! Overleg altijd met je dierenarts voordat je een nieuw zelfgemaakt dieet introduceert.

Er is veel controverse rond rauwe voedingsdiëten voor honden. Velen geloven dat rauw voedsel net zo onveilig is voor honden als voor mensen – dit is echter een verkeerde denkwijze. Honden hebben zeer sterke immuunsystemen en taaie darmen. Ze kunnen rauwe botten volledig verteren en kunnen een kwalitatief rauwe voeding eten met een zeer laag risico op het ontwikkelen van voedselgerelateerde ziekten. Een klein aantal honden heeft moeite met het verteren van rauw voedsel, of heeft een zwakker immuunsysteem door onderliggende ziekten. Deze honden kunnen zachtgekookte maaltijden krijgen, met een alternatieve calciumbron als supplement, aangezien gekookte botten gevaarlijk zijn.

Bij het bereiden van rauwe diëten, denk aan een maaltijd in termen van het gewicht van je hond. Volwassen honden moeten gemiddeld 2-3% van hun lichaamsgewicht per dag consumeren, en puppy's hebben ongeveer 5% nodig. Om ervoor te zorgen dat de maaltijden van je hond uitgebalanceerd zijn, kun je deze verhouding als algemene richtlijn volgen:

- 80% Spiervlees (alle spieren, eieren en bepaalde spierorganen zoals hart, longen, maag)
- 10% Bot
- 5% Lever
- 5% Afscheidende organen (nieren, alvleesklier, testikels, hersenen, enz.)

Spiervlees omvat niet alleen items zoals kipfilet, rundergehakt, vis en braadstukken, maar ook eieren en spierorganen zoals hart, longen en kippenmaagjes. Vermijd te vette stukken vlees omdat deze maagklachten kunnen veroorzaken.

Rauwe vleesrijke botten zijn essentieel voor een gezond dieet en schone tanden. Houd er rekening mee dat het spiervlees dat aan de botten vastzit, moet worden meegerekend in de totale vleesverhouding, niet in de botverhouding. De vlees-botverhouding voor pluimveekarkassen is meestal 30% bot voor poten en dijen, en ongeveer 50% voor vleugels, ruggen, nekken en poten. Runderribben zijn 50% terwijl lams- en varkensribben 30% zijn. Alternatieve vormen van calcium voor degenen die gekookte diëten voeren zonder rauwe botten zijn beendermeel en fijngemalen eierschalen. Een algemene vuistregel voor het toevoegen hiervan is een halve theelepel gemalen eierschalen of een theelepel beendermeel per 500 gram voedsel.

Orgaanvlees is een ander belangrijk onderdeel van een uitgebalanceerd dieet voor je Aussie. Afscheidende organen zoals lever, nieren, hersenen, alvleesklier en testikels leveren verschillende vitaminen en mineralen die botten en spiervlees niet bevatten. Lever moet altijd de helft van het totale orgaangewicht uitmaken.

Foto met dank aan
Michelle Mazor

Een extra 5-10% groenten, fruit en verse kruiden zijn ook waardevol voor het dieet van je Aussie. Wolven en andere wilde hondachtigen eten meestal de darminhoud van hun prooi en staan bekend als opportunistische aaseters van verschillende vegetatie en vruchten. Veel groenten, kleine hoeveelheden bessen, en wortels of pompoen rijk aan vitaminen, mineralen en enzymen die veilig en geschikt zijn voor honden, zijn allemaal goede keuzes. Kies voor variatie en idealiter moeten deze worden gepureerd om de vertering te bevorderen. De meeste honden hebben geen toegevoegde granen nodig – als je dit wel doet, kies dan voor granen van hogere kwaliteit zoals rijst of gerst en week of kook ze grondig voor het voeren. Houd de hoeveelheden klein en onder 10% van het maaltijdgewicht. Gevallen van DCM zijn meestal niet gedocumenteerd bij honden die zelfgemaakte rauwe diëten krijgen, mogelijk vanwege de grote hoeveelheden vers spiervlees die extra voedingsstoffen leveren ter ondersteuning van de cardiovasculaire gezondheid.

De voordelen van zelfgemaakte diëten zijn vaak schonere tanden, frissere adem, beter gewichtsbeheer en minder uitwerpselen om op te ruimen, omdat het voedsel van de hond niet vol zit met onverteerbare vulstoffen die de ontlasting opstuwen. Veel honden gedijen op een evenwichtig zelfgemaakt dieet wanneer er zorg wordt besteed aan variatie over tijd! Overleg ook hier altijd met je dierenarts voordat je wijzigingen in het dieet van je hond doorvoert.

Supplementen

Hoewel supplementen af en toe nuttig kunnen zijn, moet je bedenken dat te veel van het goede problematisch kan worden. Complete supplementen moeten worden vermeden voor honden op commerciële diëten, omdat deze alle voedingsstoffen al bevatten die je hond nodig heeft. Supplementen kunnen af en toe worden gebruikt voor honden op zelfgemaakte diëten als je bezorgd bent dat je niet volledig aan de voedingsbehoeften van je hond voldoet. Supplementen die doorgaans veilig en gunstig zijn voor een hond op elk dieet zijn visoliën voor de gezondheid van huid en vacht, en probiotica voor de darmgezondheid. Alle supplementen moeten worden besproken met je dierenarts om de veiligheid van je Aussie te waarborgen.

Traktaties En Mensenvoedsel

Net als dessert voor mensen, moeten traktaties voor je Aussie beperkt blijven. Te veel traktaties kunnen het evenwicht van zijn dieet verstoren en ook obesitas veroorzaken. Voedsel kan zeker worden gebruikt als beloning voor positieve versterkingstraining, maar de 'beloningen' (traktaties) moeten met mate worden gegeven. Dezelfde regels gelden voor traktaties als voor hondenvoer: kies een traktatie van goede kwaliteit, zonder kleurstoffen of propyleenglycol. Vaak is je Aussie net zo blij met een brokje!

Vermijd het voeren van mensenvoedsel aan je Aussie. Ook dit kan spijsverteringsproblemen en obesitas veroorzaken. Hoewel een beetje kaas of een stukje van je biefstuk af en toe prima is, is het een slecht idee om elke avond na het eten de restjes van ieders bord in de voerbak van een hond te scheppen. Het spijsverteringssysteem van honden heeft routine nodig – plotselinge veranderingen in het dieet maken hen waarschijnlijk erg ziek. Er zijn ook enkele voedingsmiddelen die voor honden behoorlijk giftig zijn, maar voor ons volkomen onschadelijk. Deze omvatten:

- **Chocolade**

  Cacao bevat een bitter alkaloïde genaamd theobromine. Honden hebben moeite met het verwerken van deze verbinding, waardoor het kan ophopen tot toxische niveaus in hun lichaam.

- **Uien en Knoflook**

  Deze wortelgroenten bevatten verbindingen die schade aan rode bloedcellen kunnen veroorzaken.

- **Avocado's**

  Deze vrucht kan braken en diarree veroorzaken.

- **Druiven en Rozijnen**

  Deze vruchten bevatten toxines die ernstige nierschade kunnen veroorzaken.

- **Verse gist (te vinden in rauw brooddeeg en dergelijke)**

  Brooddeeg en verse gist kunnen opgeblazenheid en diarree veroorzaken.

- **Fruitpitten**

  Pitten van fruit kunnen darmobstructies veroorzaken, en veel van deze, evenals appelzaden, bevatten cyanide dat ernstige vergiftiging kan veroorzaken.

- **Cafeïne en alcohol**

  Honden zijn gevoeliger voor de effecten van cafeïne en alcohol. Deze kunnen ernstige verstoringen van het zenuwstelsel veroorzaken, zoals aanvallen en coma's.

- **Grote hoeveelheden vetrijk voedsel (zoals melk, kaas, spek, enz.)**

  Vetrijk voedsel kan ontsteking van de alvleesklier veroorzaken, wat levensbedreigend is.

Gewichtsbeheer

Mensen denken vaak dat ze aardig zijn door hun honden zoveel te laten eten als ze willen. Overvoeding kan echter leiden tot obesitas bij je Aussie. Net als bij mensen met overgewicht kan een hond met overgewicht problemen krijgen met het hart, de gewrichten en zelfs diabetes ontwikkelen, naast vele andere aandoeningen. Overgewicht kan de levensduur van een hond aanzienlijk verkorten en de kwaliteit van zijn leven verminderen. Bovendien is een verminderde eetlust een van de eerste tekenen van een gezondheidsprobleem bij je hond, en het is moeilijk om te bepalen of je Aussie wel of niet eet wanneer iedereen in huis gedurende de dag de voerbak bijvult. Een van de eerste vragen die je dierenarts je zal stellen wanneer je je hond binnenbrengt voor een noodgeval of ziekte, is 'hoe is de eetlust van je hond? Wanneer heeft je hond voor het laatst gegeten?'. Je volwassen hond hoeft slechts ongeveer twee keer per dag een passende hoeveelheid te worden gevoerd.

Een hond met een ideaal lichaamsgewicht moet een licht ingetrokken taille hebben en een matige taillelijn wanneer je hem van bovenaf bekijkt. Wanneer je met een hand over de ribbenkast strijkt, moet je met lichte druk afzonderlijke ribben kunnen voelen, bedekt door een dunne vetlaag. Als je de ribben van je Aussie niet kunt voelen, heeft hij overgewicht. Als je de contouren van zijn ribben duidelijk kunt voelen, is je hond misschien wat te dun. Beoordeel regelmatig de lichaamsconditie van je Aussie en pas de maaltijdgroottes dienovereenkomstig aan.

Inzicht in de basisprincipes van een gezond dieet is uiterst belangrijk voor de levensduur en kwaliteit van leven van je Aussie. Of je nu kiest voor commerciële brokken of een zelfbereid dieet, kwaliteit telt!

HOOFDSTUK 13
De vachtverzorging van je Australian Shepherd

"Met een goed uitgebalanceerd dieet verharen ze meestal twee keer per jaar. Het hangt ook af van het klimaat waarin je woont. Je zult plukjes haar door je huis zien zweven en je zult hondenhaar op je kleding hebben. Wen er maar aan! Hoe vaker je je Aussie verzorgt, hoe minder last je zult hebben van het haar."

Melonie Eso
WCK Aussies

Foto met dank aan Katherine Frantz

Hoewel Australian Shepherds zeker verharen, is hun vacht doelbewust gefokt om onderhoudsvriendelijk en weerbestendig te zijn. Met gepaste, regelmatige verzorging wordt het borstelen een gemakkelijke en aangename ervaring voor zowel jou als je Aussie!

Basisverzorging van de vacht

Goede vachtverzorgingsgewoonten beginnen met goede training. Pups moeten al vroeg leren om zacht borstelen, nagels knippen en het aanraken van hun oren, mond en poten te verdragen. Houd de sessies kort en leuk, en beloon met complimentjes wanneer je een poot oppakt of een oor of lip optilt voor inspectie. Honden die zich verzetten tegen verzorging zijn lastig te onderhouden, en wanneer dit gebeurt, lijdt de vachtverzorging er vaak onder.

Het tweede geheim voor een vacht die moeiteloos te onderhouden is, is een uitstekend dieet! Zorg ervoor dat je hondenbrokken of zelfgemaakte voeding van uitstekende kwaliteit en voedingskundig uitgebalanceerd is. Onderzoek de huid van je Aussie elke week. Ziet deze er gezond uit en is deze vrijwel reukloos? Of is de huid droog, schilferig, ontstoken of heeft deze een ziekelijk zoete geur? Droge huid kan vaak worden verholpen door dagelijks een kleine hoeveelheid kwaliteitszalmolie aan het voer van je Aussie toe te voegen. Dit is een supplement met veel calorieën, dus overleg met je dierenarts en houd het lichaamsgewicht zorgvuldig in de gaten. Vreemde, zoetige geuren uit de huid, plekken met haarverlies en chronisch ongezonde huid kunnen wijzen op allergieën, schimmelinfecties, schildklierproblemen of andere gezondheidsklachten. Laat dit altijd beoordelen door een dierenarts. Scheer de vacht van je Aussie nooit met een tondeuse. Het vermindert het verharen niet echt en het helpt hem niet om koeler of comfortabeler te blijven. Het scheren van rassen met een dubbele vacht kan de vacht zelfs permanent beschadigen, waardoor deze dun, vlekkerig of zelfs in een andere kleur teruggroeit. Soms kan het scheren van rassen met een dubbele vacht ook de huid irriteren, wat uitslag kan veroorzaken die kan leiden tot huidinfecties. De vacht van je Aussie intact houden en onderhouden met de technieken die in dit hoofdstuk worden beschreven, is een veel betere oplossing om je viervoeter er op zijn best uit te laten zien en zich goed te laten voelen!

Foto met dank aan Joshua Martin

Wassen en drogen

"Ze hebben regelmatige vachtverzorging nodig. Als een ras met een dubbele vacht moeten ze goed worden geborsteld. Ik trim ook hun voeten, hun 'rokjes', oren en achterwerk. De mijne vinden het heerlijk om föhngedroogd te worden en het borstelen is een traktatie."

Joan Fry
Bella Loma Kennels

Regelmatig wassen en borstelen vermindert de hoeveelheid haar in huis aanzienlijk en helpt het verharen onder controle te houden. Dit houdt ook de huid van je Aussie gezond, helpt je om veranderingen in zijn gezondheid op te merken, en kan vaak een moment van verbinding zijn.

Over het algemeen is eens in de 8-12 weken wassen voldoende. Hoe vaker je wast, hoe belangrijker het is om een shampoo te kiezen die van hoge kwaliteit is en de huid voedt. Vaak zijn shampoos die op professionele hondenverzorgers zijn gericht van betere kwaliteit dan die in het dierenschap van supermarkten. Geconcentreerde shampoos die verdund moeten worden, geven je vaak meer waar voor je geld dan formules die direct uit de fles te gebruiken zijn. Als je Aussie allergieën of een gevoelige huid heeft, probeer dan een hypoallergene formule met havermout.

Test de watertemperatuur voordat je je Aussie in de kuip zet – als het water te heet is, kun je hem per ongeluk verbranden. Bij het baden is de watertemperatuur belangrijk! Warm water helpt bij het loslaten van verhaard haar, terwijl koel water dit proces vertraagt en je hond zijn vacht laat behouden. Houd handdoeken bij de hand en bij voorkeur een antislipmat op de bodem van de kuip. Afneembare douchekoppen maken het baden veel eenvoudiger, anders heb je een kom nodig om te spoelen. Maak de vacht grondig nat van boven naar beneden. Voeg een royale hoeveelheid shampoo toe – te veel is beter dan te weinig! Masseer de shampoo in de vacht en werk deze goed in, voeg indien nodig meer water toe. Zorg ervoor dat er geen zeep of water in de oren of ogen van je hond komt! Begin bij het spoelen weer van boven en werk naar beneden, waarbij je ervoor zorgt dat je de zeep volledig verwijdert uit elk gebied voordat je verdergaat. Als je het hele lichaam hebt gespoeld, spoel dan nog een keer, en voel met je handen of er geen zeepplekken meer zijn. Shampoo die per ongeluk in de vacht achterblijft, kan intense huidirritatie en krabben veroorzaken. De meeste Aussies hebben geen vachtconditioner nodig als hun huid gezond is en er een goede kwaliteit shampoo wordt gebruikt. Sommige vachtconditioners voor honden kunnen het haar verzwaren, waardoor het vettig of plakkerig aanvoelt en langzaam droogt.

Laat je Aussie bij het drogen eerst wat water uit zijn vacht schudden. Begin hem af te drogen door het haar voorzichtig met de handdoek te knijpen in plaats van krachtig te wrijven, vooral waar het haar langer is - wrijven veroorzaakt vaak klitten. Na het afdrogen met een handdoek kun je je hond aan de lucht laten drogen of hem in een bench zetten met een ventilator erop gericht. Een van de beste manieren om verharen te beheersen is echter het gebruik van een krachtige föhn. Deze krachtige föhns worden door professionele trimmers gebruikt om water en dood haar grondig uit de vacht te verwijderen. Krachtige föhns voor thuisgebruik hebben meestal tussen de 1 en 4 pk. Als je je Aussie laat wennen aan een krachtige föhn, begin dan langzaam zodat hij aan het luide geluid went, en zorg ervoor dat je pup vastgemaakt is aan een verzorgingstafel. Begin op de laagste stand als het een föhn met meerdere snelheden is. Ga met je gezicht naar de achterkant van je Aussie staan, reik met je arm die het dichtst bij de hond is onder zijn lichaam en houd hem tegen je aan. Met je vrije arm richt je de luchtstroom eerst op de hakken of broekspijpen en concentreer je je op dit gebied. Begin altijd vanaf de achterkant van de hond en werk naar voren toe. Gebruik veel complimentjes voor goed gedrag, of zelfs kleine voedselbeloningen omdat je dan met één arm vrij kunt werken. Eindig altijd positief – als je hond bang is of hevig weerstand biedt, doe dan een stapje terug tot hij kalm is en beëindig de sessie daar. Aussies zijn intelligent en zullen snel beseffen dat de föhn, hoewel luidruchtig en vreemd, ongevaarlijk is. Zorg ervoor dat je de föhn nooit in het gezicht of de oren van je hond blaast – over het algemeen is het beter om deze gebieden af te werken met een menselijke föhn op een koele stand, of ze aan de lucht te laten drogen.

Borstelen en de vacht verzorgen

Borstelen is het belangrijkste onderdeel van de vachtverzorging van je Aussie. Wekelijks borstelen houdt het verharen onder controle en helpt de huid gezond te houden door de natuurlijke oliën die deze produceert vrij te maken en de bloedsomloop te verbeteren. Het kiezen van de juiste hulpmiddelen voor deze taak is even belangrijk! Meestal zijn een pinborstel en een ondervachtkam de enige borstels die je nodig hebt. De pinborstel werkt het beste voor gemiddeld vachtonderhoud, terwijl de kam helpt bij het verwijderen van dode ondervacht tijdens periodes van zwaar verharen. Zorg ervoor dat je helemaal tot op de huid borstelt door een techniek te gebruiken die 'line brushing' wordt genoemd.

Begin bij het gebied bij de elleboog. Til met de achterkant van je hand de vacht op om de huid bloot te leggen. Begin bij deze lijn en borstel naar beneden, in de richting van het haar. Werk in een lijn van links naar rechts, waarbij je elke haarstreng optilt terwijl je verdergaat. Begin dan opnieuw net boven de eerste rij haar die je hebt afgewerkt, en herhaal deze lijn terwijl je omhoog werkt over de ribbenkast naar de bovenlijn en nek. Herhaal deze techniek aan beide zijden van je Aussie. Dit zorgt ervoor dat je helemaal tot op de huid borstelt en daarbij dode vacht verwijdert.

Er is weinig meer nodig om een Aussie-vacht te onderhouden. De meeste eigenaren geven er echter de voorkeur aan om de vacht enigszins bij te werken of te trimmen, of om de franjes van een hond netjes te maken voor de showring. Rechte scharen bedoeld voor hondenverzorging zijn hiervoor een noodzaak, en een goede effileerschaar kan ook handig zijn als je een meer gemengde look wilt. De gebieden die het vaakst worden getrimd zijn de voeten en de hakken.

Om overtollig haar op de voeten weg te trimmen, til je de voet van je Aussie op en bekijk je de onderkant. Gebruik een rechte schaar om uitstekend haar weg te knippen zodat het gelijk ligt met de voetzolen. Trim het haar rond de randen van de voet en rond het af. Gebruik vervolgens je pinborstel om het haar voorzichtig tegen de haarrichting in te borstelen, van de toppen van de tenen naar het been toe, en trim de overtollige plukjes gelijk met de bovenkant van de voet. Voor de hakken borstel je het haar recht naar achteren en trim je het zo kort als je wilt.

Sommige huisdiereigenaren kiezen er ook voor om de broekspijpen, de franjes aan de achterkant van de voorpoten, de onderlijn (onderkant van de ribbenkast), de kraag (de manen aan de voorkant van de nek) en de bovenkant van de oren korter te maken. Hoewel dit kan worden gedaan met rechte scharen, laten deze over het algemeen een onaangenaam hakkerig uiterlijk achter op de vacht. Goede effileerscharen zorgen voor een gemengder resultaat, hoewel ze meer tijd kosten omdat ze met elke knip minder haar verwijderen. Maak het haar gewoon luchtig met je pinborstel en trim het zo kort als je wilt.

De nagels knippen

Het kort houden van de nagels van je Aussie is essentieel voor zijn comfort en welzijn. Lange nagels kunnen pijn veroorzaken in de tenen, voeten en polsen en zijn vatbaar voor breken of zelfs volledig afscheuren. Hoewel deze routinematige verzorging vaak intimiderend is voor eigenaren, hoeft dit niet zo te zijn! Zorg ervoor dat je Aussie eraan gewend is dat zijn voeten worden aangeraakt of vastgehouden. Maak dit een plezierige ervaring en prijs je hond wanneer hij je toestaat zijn voet vast te houden en met zijn tenen te wiebelen.

Om de nagels van je hond te knippen, kies je nagelknippers die bedoeld zijn voor honden. Als je puppy nog klein is, werken menselijke teennagel knippers een tijdje. Hondennagels hebben een met bloed gevuld centrum dat het leven wordt genoemd, met zenuwuiteinden die gevoelig zijn wanneer ze worden geknipt. Je kunt voorkomen dat je ze per ongeluk raakt door te weten waar je moet knippen en slechts kleine stukjes nagel tegelijk af te knippen. Houd de voet naar buiten en knip elke nagel net waar deze begint te krullen bij het uiteinde; roze nagels zijn vaak doorschijnend genoeg zodat je bij goed licht zelfs het leven kunt zien. Het leven kan ook langer worden of terugtrekken in de nagel. Om het leven korter te houden, houd je de nagels van je hond kort!

Veel eigenaren geven er de voorkeur aan om de nagels van hun huisdieren te slijpen, omdat het moeilijk is om de nagels zo kort te slijpen dat ze bloeden. Een nagelslijper kan ook helpen om nagels korter te krijgen dan traditionele knippers en helpt het leven sneller terug te trekken als het is uitgegroeid. Kies een oplaadbare slijper die bedoeld is voor huisdieren. Zorg ervoor dat je hond vastgemaakt is zodat hij niet weg kan wiebelen tijdens het proces. Je wilt dat de riem licht gespannen is wanneer je Aussie zit of staat - dit beschermt hem tegen het per ongeluk aanraken van zijn neus met de slijper. Als je hond lange haren op zijn tenen heeft, is het belangrijk om deze te trimmen zodat ze niet in de slijper vast komen te zitten.

Houd de voet naar buiten en zet de slijper aan. Laat je hond wennen aan het geluid en prijs hem wanneer hij kalm is. Trek eventuele losse haren voorzichtig weg met je vingers, houd de betreffende teen zacht maar stevig vast, en plaats de slijper een paar seconden op het uiteinde van de nagel. Rond tijdens het slijpen de randen lichtjes af. Controleer je voortgang - als je een kleine cirkel of roze ziet, heb je de nagel zo ver afgeslepen als veilig is.

Idealiter moeten nagels wekelijks worden geknipt of geslepen om ze comfortabel te houden en het leven kort. Als je je echt ongemakkelijk voelt bij deze taak, praat dan met je dierenarts of een lokale professionele trimmer en plan regelmatige nageltrims voor je Aussie.

Reiniging van oren, ogen en tanden

Je moet niet alleen de vacht en nagels van je Aussie verzorgen, maar ook zijn ogen, oren en tanden hebben aandacht nodig. Oren kunnen vatbaar zijn voor gist- of bacteriële infecties en vreemde voorwerpen. Onderzoek ze wekelijks en let op hun uiterlijk en geur. Rode, warme, vochtige oren, overmatige ophoping van substanties of vreemde geuren moeten door een dierenarts worden onderzocht. Vermijd vrij verkrijgbare oorreinigers tenzij aanbevolen door je dierenarts. – Sommige reinigers kunnen het oorkanaal irriteren en ze vatbaarder maken voor infecties. Om het oor te reinigen van normaal vuil of oorsmeer, neem je eenvoudig een zachte doek die bevochtigd is met warm water en veeg je het vuil voorzichtig weg, maar alleen zo ver als je kunt zien. Stop niets in de oren van je hond, ook geen wattenstaafjes.

De meeste honden krijgen een kleine hoeveelheid korstachtige oogafscheiding in de binnenhoek van hun ogen, en dit is normaal. Om te reinigen, gebruik je eenvoudig een vochtige doek om het gebied voorzichtig af te vegen. Let op roodheid, overmatig tranen, dikke afscheiding of vertroebeling van de ogen en laat dergelijke symptomen controleren door je dierenarts.

Het schoonhouden van de tanden van je Aussie is erg belangrijk voor zijn gezondheid. Tandvleesaandoeningen veroorzaken niet alleen een vieze adem en extreem ongemak bij je hond, maar kunnen hem ook vatbaar ma-

ken voor hart-, nier- en leveraandoeningen en kaakfracturen. Zorg ervoor dat je Aussie eraan gewend is dat je zijn mond aanraakt vanaf het allereerste begin. Neem zijn snuit in je hand en til zijn lippen voorzichtig op om de tanden te onderzoeken, en prijs hem rustig wanneer hij meewerkt. Let op tandplakophoping of gebroken of ontbrekende tanden. Gebarsten of gebroken tanden en overmatige tandplakophoping moeten door een dierenarts worden gezien en verholpen.

Voorkom tandplakophoping door de tanden van je hond twee tot drie keer per week te poetsen. Kies voor het poetsen van hun tanden een tandpasta die speciaal ontworpen is voor honden. Menselijke tandpasta kan giftig zijn. Sommige hondentandenborstels glijden over het uiteinde van je vinger om het poetsen gemakkelijker te maken. Zet je hond vast op een verzorgingstafel of in een kleine ruimte en breng een kleine hoeveelheid tandpasta aan op de tandenborstel. Til vervolgens voorzichtig de lippen van je hond op om de tanden en het tandvlees bloot te leggen. Borstel in zachte cirkelvormige bewegingen en prijs je Aussie wanneer hij dit tolereert. Zorg ervoor dat je de achterste kiezen bereikt. Als je Aussie moeite heeft met het poetsen van zijn tanden, houd de sessies dan kort maar frequent en beloon hem met affectie of spel.

Om schone tanden te bevorderen, bied je eens per week een rauw runderdijbeen of een rauw bevroren kalkoennek aan om op te kauwen. Het instinctieve verlangen van je Aussie om te kauwen zal op natuurlijke wijze tandplak van zijn tanden schrapen en zijn kaken sterk houden. Bied alleen rauwe botten aan, die veilig zijn voor honden en volledig verteerbaar - nooit gekookte of gerookte botten, aangezien deze onverteerbaar zijn en kunnen splinteren.

Wanneer professionele hulp nodig is

Als je merkt dat je moeite hebt om de grondige verzorging en vachtonderhoud bij te houden, of als je gewoon overweldigd bent tijdens het piekseizoen van verharen, zijn er in de meeste gebieden veel trimsalons voor huisdieren om uit te kiezen. Wees echter voorzichtig bij wie je kiest. Onbekwame of onervaren trimmers kunnen je Aussie gemakkelijk stress bezorgen of onbedoeld schaden. Niet alle provincies vereisen dat hondentrimmers een vergunning hebben of een professionele opleiding hebben gevolgd, en de goedkoopste optie is misschien niet de beste optie!

Praat met je dierenarts en andere huisdiereigenaren in je omgeving om te zien wie zij aanbevelen. Controleer ook recensies op internet en sociale media - overwegend positieve recensies zijn een goed teken. Wanneer je een of twee trimmers hebt geselecteerd om verder te onderzoeken, neem dan contact met hen op en vraag of je langs kunt komen voor een kennismaking en een rondleiding door de faciliteit. Vraag naar hun prijzen, beleid, jaren ervaring en eventuele trainingen of kwalificaties die ze hebben. Let bij het bezoeken van de faciliteit op de omgeving. Is het rustig en geruststellend, of gespannen en druk? Zijn de trimmers kalm en zelfverzekerd rond de honden? Veel huisdieren zijn meer gestrest en minder coöperatief wanneer hun eigenaren in de buurt zijn, dus wees niet gealarmeerd als een trimmer eigenaren niet toestaat aanwezig te zijn tijdens het trimmen. Ze kunnen je in plaats daarvan toestaan om een deel van het proces bij een andere hond te observeren.

Onthoud dat het jouw verantwoordelijkheid is om je Aussie te trainen om toe te staan dat zijn voeten en lichaam worden aangeraakt of vastgehouden, niet die van je trimmer. Als je worstelt met het gedrag van je hond op een bepaald gebied, overweeg dan contact op te nemen met een professionele trainer of gecertificeerde diergedragsdeskundige om eventuele problemen door te werken voordat je een afspraak maakt met een trimmer. Als je Aussie dringend verzorging nodig heeft maar worstelt met negatief gedrag, leg de situatie dan van tevoren uit aan de trimmer en vraag of ze bereid zijn hieraan te werken. Wees bereid om meer voor hun tijd te betalen en om de sessie mogelijk op te splitsen in verschillende bezoeken om het een korte en positieve ervaring voor je Aussie te houden.

Als je je Aussie minstens één keer per week borstelt, hoeft hij misschien maar eens in de drie tot zes maanden naar een professional voor een volledige verzorging. Als je hem niet vaak borstelt, is eens in de vier tot acht weken meer gepast.

Ervoor zorgen dat je Aussie er op zijn best uitziet en zich goed voelt, is een uiterst belangrijk onderdeel van zijn welzijn. Regelmatige verzorging helpt bij het vroegtijdig opsporen van veel ziekten en kwalen, waardoor ze gemakkelijker kunnen worden behandeld. Verzorging is ook een moment van verbinding. Of je nu het grootste deel van de verzorging zelf thuis doet of vertrouwt op een professional, je kunt niet anders dan dit prachtige ras bewonderen wanneer het rondparadeert met een schone, gezonde vacht, heldere ogen en alerte, gespitste oren!

HOOFDSTUK 14
Gezondheidszorg voor de Australian Shepherd

"De Australian Shepherd is vatbaar voor staar, collie-oogafwijking, MDR1 (multi-drug gevoeligheid), heup- en elleboogdysplasie, epilepsie en kanker. Een goede fokker test op ziektes en weet waar kanker in hun bloedlijnen is voorgekomen."

Francine Guerra
Alias Aussies

De tijd nemen om te leren hoe je de gezondheid en het welzijn van je Aussie kunt bewaken, is een uiterst belangrijke verantwoordelijk-

heid. De gezondheidszorg voor honden is een breed en voortdurend veranderend onderwerp, en het is aan jou om jezelf te informeren zodat je de best mogelijke keuzes voor je Aussie kunt maken.

Bezoek aan de dierenarts

Net zoals jij jaarlijks naar de dokter gaat voor een lichamelijk onderzoek, zou je Aussie dat ook moeten doen! Regelmatige bezoeken aan de dierenarts kunnen veel kwalen vroegtijdig opsporen, wanneer ze het makkelijkst te behandelen zijn. Je dierenarts zal de oren, ogen, mond, buik en geslachtsdelen van je Aussie controleren, evenals zijn temperatuur opnemen en naar zijn hart luisteren. Ze kunnen je ook vragen om een ontlastingsmonster mee te nemen om te controleren op darmparasieten en een bloedmonster nemen om te controleren op hartworm en door teken overgedragen ziekten. Honden die ouder zijn of bekende chronische gezondheidsproblemen hebben, hebben mogelijk ook regelmatig verschillende bloedonderzoeken of andere tests nodig, zoals aanbevolen door je dierenarts.

Interne en externe parasieten

Externe parasieten zoals vlooien en teken kunnen veel ongemak veroorzaken voor je Aussie, evenals enkele ernstige ziekten. Tekenbeten kunnen verschillende ziekten veroorzaken, waaronder de ziekte van Lyme, Ehrlichiose, Anaplasmose, Rocky Mountain Spotted Fever, Babesiose en Bartonellose. Deze ziekten vereisen vroege diagnose en breedspectrum antibiotica. Bloedtests om te controleren op door teken overgedragen ziekten moeten minstens elke 12 maanden worden uitgevoerd, vooral voor honden die regelmatig tijd doorbrengen in bossen, struikgewas of velden, aangezien zij een hoger risico lopen op besmette teken.

Vlooien zijn een probleem dat snel uit de hand kan lopen als je niet waakzaam bent. Deze vervelende parasieten vermenigvuldigen zich zeer snel en kunnen je Aussie ellendig maken. Hun beten jeuken intens, en veel honden kunnen een acute allergische reactie ontwikkelen. Vlooien en teken worden het gemakkelijkst bestreden door gebruik te maken van een synthetisch topisch of oraal bestrijdingsmiddel dat speciaal voor honden is ontworpen. Topische behandelingen omvatten Fipronil, Imidacloprid of Permethrin, terwijl orale middelen Lufenuron, Spinosad en Nitenpyram omvatten. Houd er rekening mee dat Permethrin giftig is voor katten en als kankerverwekkend wordt beschouwd voor mensen, dus overweeg misschien an-

Foto met dank aan Courtney Baney

dere behandelingen. Sommige orale middelen worden in combinatie gebruikt met middelen die gelijktijdig interne parasieten behandelen; voorzichtigheid is echter geboden omdat geneesmiddelenreacties vaker lijken voor te komen wanneer ze allemaal tegelijk worden gegeven. Hoewel de meeste van deze geneesmiddelen over het algemeen als veilig worden beschouwd, zijn sommige honden gevoeliger dan andere.

Darmwormen omvatten haakwormen, rondwormen, lintwormen en zweepwormen, terwijl andere parasieten die in de darm leven, zogenaamde protozoaire parasieten, coccidiose en giardia omvatten. Darmparasieten worden meestal opgelopen door het oraal innemen van hun eieren of larven uit besmette grond, water of knaagdieren. De gevreesde hartworm daarentegen komt via een muggenbeet in de bloedbaan terecht voordat hij zich in het hart vestigt.

Symptomen van interne parasieten zijn onder andere diarree, braken, gewichtsverlies, doffe vacht, weinig energie en hoesten. Deze symptomen vereisen een controle door een dierenarts, die de ontlasting of het bloed van de hond zal controleren op tekenen van parasieten. Er zijn tegenwoordig veel verschillende geneesmiddelen op de markt om parasieten te behandelen, waaronder verschillende die zonder recept verkrijgbaar zijn. Echter, niet alle geneesmiddelen doden alle parasieten, en in sommige gebieden kunnen de parasieten resistentie hebben ontwikkeld tegen bepaalde geneesmiddelen. Geneesmiddelen die worden gebruikt om interne parasieten te behandelen zijn onder andere ivermectine, fenbendazol, praziquantel en vele andere. Coccidiose vereist een ander type geneesmiddel zoals Sulfadimethoxine. Wanneer je hond is behandeld voor interne parasieten, moeten vervolgmonsters van de ontlasting naar je dierenarts worden gebracht om te bevestigen dat de behandeling succesvol was.

Hartwormen zijn van bijzonder belang omdat ze in hun gevorderde stadia zeer moeilijk te behandelen zijn en dodelijk kunnen zijn. Dierenartsen raden over het algemeen een maandelijks hartwormpreventiemiddel aan.

Werk samen met je dierenarts om te bepalen welk geneesmiddel het beste werkt voor je Aussie, en zorg ervoor dat je begrijpt wanneer en hoe vaak het moet worden toegediend.

Vaccinaties

Hoewel er vrij veel vaccins worden gebruikt om veel verschillende soorten ziekten te voorkomen, heeft niet elke hond elk vaccin nodig! Kernvaccinaties zijn die tegen Parvo, Hondenziekte en Rabiës. Canine Adenovirus werd in het verleden ook als kernvaccinatie beschouwd, maar is in Nederland uiterst zeldzaam geworden – waarschijnlijk mede dankzij wijdverspreide vaccinatie. Niet-kernvaccinaties zijn onder andere Parainfluenza, Hondeninfluenza H3N8, Coronavirus, Bordetella (kennelhoest), Leptospirose en de ziekte van Lyme. Deze vaccins worden alleen gegeven als het risico op het oplopen van de ziekte hoog is voor jouw individuele hond en zijn specifieke omstandigheden.

De meeste vaccins worden gegeven in een combinatiedosis die bedoeld is om tegelijkertijd tegen verschillende ziekten te beschermen. Idealiter geldt: minder is meer. Vaccins die een hogere neiging hebben om reacties te veroorzaken – specifiek Rabiës en Leptospirose – moeten apart van andere vaccins worden gegeven, en bij puppy's niet vóór de leeftijd van 16 weken.

Vaccinatieschema's zijn gemakkelijker te begrijpen wanneer je begrijpt hoe en waarom vaccins werken. Vaccins creëren immuniteit tegen ziekten door het immuunsysteem van je hond te leren hoe het specifieke virus of bacterie waartegen de hond wordt gevaccineerd, kan identificeren en erop kan reageren. De bacteriën en virussen in het vaccin zijn gedood of verzwakt en kunnen zich niet vermenigvuldigen of daadwerkelijk ziekte veroorzaken. Voor honden ouder dan 16 weken die nog nooit een vaccinatie hebben gekregen, geven de meeste vaccinproducenten aan dat twee doses met een tussenperiode van drie tot vier weken moeten worden gegeven om immuniteit te creëren. Onderzoek heeft aangetoond dat kernvaccins, indien correct gegeven, tot zeven à negen jaar immuniteit kunnen bieden. Het wordt nu aanbevolen om kernvaccins hooguit om de drie jaar te geven, behalve waar een jaarlijks rabiësvaccin wettelijk verplicht is.

Jonge puppy's vereisen een iets ander begrip van hoe hun immuunsysteem zich ontwikkelt. Pasgeboren puppy's krijgen antilichamen van hun moeder die hen ten minste vijf tot zes weken zullen beschermen. Na dit punt beginnen de maternale antilichamen af te nemen. Als je een jonge puppy vaccineert die nog voldoende maternale antilichamen heeft, zullen de antilichamen de vaccins nutteloos maken en voorkomen dat de puppy zijn eigen immuunrespons opbouwt. Het doel van het geven van meerdere vaccindoses aan puppy's, met tussenpozen van enkele weken tot ze 16 à 18 weken oud zijn, is om het juiste moment te vinden waarop de maternale antilichamen nog wel wat bescherming bieden, maar zo laag zijn dat het vaccin effectief kan werken. Als je vaccins te lang uitstelt, kan dat betekenen dat je je puppy blootstelt aan het risico op ziekte, terwijl te vaak vaccineren een verspilling van een vaccin is en het systeem van je puppy belast. Voor de meeste puppy's zullen kernvaccins gegeven op 8, 12 en 16 weken leeftijd hen adequaat beschermen.

Foto met dank aan
Jordan Kuhl

Vaccinaties moeten altijd door je dierenarts worden gegeven. Hoewel zeer zeldzaam, zijn ernstige anafylactische vaccinreacties altijd mogelijk. Deze treden meestal zeer snel na vaccinatie op. Je dierenarts zal epinefrine bij de hand hebben om toe te dienen in het onwaarschijnlijke geval dat dit zou kunnen gebeuren. Als zo'n reactie thuis optreedt, heb je misschien geen tijd om je hond naar de dierenarts te brengen!

Vaccinproducenten dekken meestal de medische kosten in het geval dat je hond een ziekte oploopt waartegen hij op de juiste manier is gevaccineerd. Ze zullen dit echter alleen honoreren als de vaccinatie is gegeven door een erkende dierenarts, om er zeker van te zijn dat het vaccin correct is gegeven volgens de aanbevelingen van de fabrikant.

Holistische alternatieven

Veel mensen worden steeds wantrouwiger tegenover traditionele geneeskunde en zoeken naar een natuurlijkere manier van leven – zowel voor zichzelf als voor hun huisdieren. Er zijn veel dingen die je kunt doen om een meer holistische benadering te proberen voor het beheersen van parasieten en het beheren van het risico op ziekte.

Om vlooien en teken te helpen beheersen, zorg je ervoor dat je hond een uitgebalanceerd, kwalitatief dieet krijgt en een gezonde huid en vacht behoudt. Schone, gezonde honden zijn minder aantrekkelijk voor vlooien, en regelmatig borstelen helpt om het begin van een plaag of een bijtende teek vroeg te ontdekken. Wanneer je terugkomt van een uitstapje waar hoog gras of struikgewas is, kam je Aussie dan zorgvuldig helemaal tot op de huid om te controleren op teken. De oren en het gezicht, de schouders en de nek zijn populaire plekken waar een teek zich kan vasthechten, maar ze kunnen overal worden gevonden - zelfs tussen de tenen!

Zorg ervoor dat je regelmatig stofzuigt onder meubels en in gebieden waar je Aussie graag ligt. Stofzuigers zijn uiterst effectief bij het vernietigen van elke levenscyclus van de vlo. Je kunt vervolgens licht diatomeeënaarde of een kruidenpoeder dat ontworpen is om vlooien te doden op je tapijt aanbrengen als je toevallig vlooien ziet. Het machinaal wassen en drogen van het beddengoed van je Aussie op de hete cyclus is ook dodelijk voor vlooien. Voor lichte vlooienplagen op je huisdier, was grondig met een huisdierenshampoo die neemolie bevat en volg dit met een azijnspoeling. Bij het wassen van een hond met vlooien, begin je door alleen het hoofd en de oren nat te maken en zeep aan te brengen, dan rond de staartbasis voordat je het elders aanbrengt. Dit is omdat vlooien zullen proberen te ontsnappen door in de neus, oren, enz. van een hond te klimmen. Herhaal baden één tot twee keer per week totdat de plaag is uitgeroeid. Voor ernstigere plagen kun je ook om de paar dagen 1% Pyrethrine-poeder op de vacht van je Aussie aanbrengen totdat de vlooien onder controle zijn. Pyrethrine is een natuurlijke stof gemaakt van chrysantenbloemen, en hoewel het vrij giftig is voor vlooien, wordt het goed verdragen door honden. Breng het aan in een goed geventileerde ruimte en zorg ervoor dat het niet in de ogen of mond van je Aussie komt!

Essentiële oliën kunnen ook worden gebruikt als een natuurlijk afweermiddel tegen externe parasieten. Kies een mengsel van oliën zoals eucalyptus, citroengras, citronella, citroen, geranium en cederhout. Verdun ongeveer 5 druppels van elk in 120 ml gedistilleerd water. Schud krachtig voor elke toepassing en besproei de vacht van je Aussie licht voor wandelingen of hiken.

Interne parasieten kunnen moeilijker natuurlijk te beheersen zijn. Zorg ervoor dat je de ontlasting van je Aussie snel opruimt en in de vuilnisbak gooit. Laat je hond niet vrij rondlopen in een gebied waar hij toevallig op een kadaver van een dier zou kunnen stuiten. Hoewel sommige eigenaren ervoor kiezen om hun hond maandelijks te ontwormen, is dit niet nodig als regelmatige fecale onderzoeken schoon terugkomen en ze geen symptomen van interne parasieten vertonen. In tegenstelling tot wat vaak wordt gedacht, is diatomeeënaarde volgens verschillende studies niet effectief bij het elimineren of voorkomen van darmwormen. Sommige kruidenmengsels bedoeld voor honden kunnen van beperkt nut zijn, indien regelmatig gegeven als preventieve maatregel.

Vaccinatie wordt vaak beschouwd als de tegenhanger van een holistische benadering, maar in werkelijkheid kan een conservatieve benadering van vaccinatie hand in hand gaan met een holistische denkwijze. Een alternatief voor herhaalde boosters is vaccintitratie. Titers worden gebruikt om de immuunrespons van je hond op verschillende ziekten te meten. Deze test kan elke één tot drie jaar worden uitgevoerd om te bepalen welke, indien aanwezig, vaccins moeten worden toegediend.

Hoewel onderzoek naar de effectiviteit van chiropractische zorg voor dieren nog vrij beperkt is, zijn de voordelen veelbelovend. Sommige huisdiereigenaren brengen hun honden voor regelmatige aanpassingen. Het kan ook van grote hulp zijn bij dieren die herstellen van verwondingen. Idealiter zoek je naar een dierenarts die gecertificeerd is in dierlijke chiropractie.

Homeopathische en kruidenremedies worden al eeuwenlang gebruikt om te proberen elke ziekte of aandoening die je kunt bedenken te voorkomen en te behandelen. Hoewel sommige uiterst effectief kunnen zijn,

zijn andere mogelijk niet meer dan een placebo. Als je alternatieve therapieën voor je Aussie overweegt, raadpleeg dan een veterinaire homeopaat of veterinaire kruidendeskundige om te bepalen welke remedies het beste werken.

Je hond steriliseren/castreren

Reproductieve sterilisatie is de meest voorkomende manier om ongewenste nestjes te verminderen en om verschillende gezondheidsproblemen bij je hond later in het leven te helpen voorkomen. Voor de meeste huisdiereigenaren is sterilisatie en castratie een verantwoordelijke keuze. Er moet echter worden nagedacht over wanneer het beste moment is om de procedure te laten uitvoeren. Onderzoek heeft aangetoond dat sterilisatie en castratie te vroeg, vóór de seksuele rijpheid, het risico op heupcysplasie, kruisbandscheuren en lymfoom kan verhogen. Aan de andere kant kan te lang wachten het risico op borstkanker bij vrouwtjes en prostaatproblemen bij mannetjes verhogen. Een gulden middenweg ligt ergens tussen de 14 en 18 maanden, maar in elk geval niet vóór de 12 maanden. Zo krijgt je Aussie de kans om het grootste deel van zijn groei te voltooien, terwijl hij toch nog profiteert van de belangrijkste voordelen van sterilisatie. Als je ervoor kiest om het steriliseren of castreren van je Aussie uit te stellen, is het absoluut noodzakelijk dat je je verantwoordelijkheid begrijpt om ongewenste nestjes te voorkomen. Laat je hond nooit zwerven, en als je Aussie een vrouwtje is, houd haar dan zorgvuldig in de gaten voor tekenen van haar eerste loopsheid na zes maanden leeftijd. Tekenen van loopsheid zijn humeurigheid en een gezwollen vulva, gevolgd door een bloederige afscheiding die één tot drie weken kan duren. Als je Aussie loops wordt, houd haar dan minstens drie weken uit de buurt van niet-gecastreerde reuen. . Verlies haar nooit uit het oog wanneer ze buiten is; ze moet altijd aan de lijn zijn, en bij voorkeur ook achter een hek. Reuen zijn berucht goed in het bereiken van oopse teven. Er zijn broekjes ontworpen voor loopse honden die je hond in huis kan dragen om vaginale afscheiding op te vangen.

Een alternatief voor traditionele sterilisatie- of castratieoperaties zijn een eierstok-sparende sterilisatie en een vasectomie. Deze procedures stellen de hond in staat om de eierstokken of testikels te behouden die de hormonen leveren die nodig zijn voor een goede groei en ontwikkeling, maar zijn volledig effectief bij het voorkomen van ongewenste nestjes. Het nadeel van deze alternatieve operaties is dat ze slechts in sommige dierenklinieken worden aangeboden – meestal bij een specialist in hondenreproductie – en je Aussie zal nog steeds dezelfde hormonale neigingen vertonen als een hond die niet is gesteriliseerd of gecastreerd. Goede training zal echter de meeste probleemgedragingen voorkomen.

Veelvoorkomende ziekten en aandoeningen bij Australian Shepherds

"Praat met je fokker over gezondheidsproblemen; leer wat er in de familiegeschiedenis zit en wat je kunt verwachten. Er is een geweldige website 'www.ashgi.org' met een heleboel goede informatie over gezondheidsproblemen in het ras."

Melonie Eso
WCK Aussies

Aussies kunnen, net als elk ras, vatbaar zijn voor bepaalde genetische gezondheidsproblemen. Heupdysplasie is een van de vaker voorkomende aandoeningen. Dit is een pijnlijke misvorming van het heupgewricht en is matig erfelijk, hoewel omgevings- en voedingsfactoren het in sommige gevallen ook kunnen veroorzaken of verergeren. Iets minder vaak voorkomend is elleboogdysplasie, een misvorming van het ellebooggewricht. Symptomen zijn onder andere pijn, stijfheid, manken en andere gangafwijkingen. Deze aandoeningen kunnen worden gediagnosticeerd met een röntgenfoto. Zorg ervoor dat je Aussie een uitgebalanceerd dieet krijgt, en sta puppy's niet toe om herhaaldelijk te springen of grote hoeveelheden uithoudingsvermogen te trainen voordat ze volledig volgroeid zijn. Laat je Aussie nooit obesitas ontwikkelen, aangezien dit enorme druk op zijn gewrichten legt.

Verschillende oogaandoeningen treffen Australian Shepherds, waaronder Erfelijke Cataract (HC of HSF4), Collie-oogafwijking (CEA) en Progressieve Retina Atrofie (PRA). Genetische tests kunnen worden gedaan om deze ziekten uit te sluiten, hoewel HSF4 niet verantwoordelijk is voor alle gevallen van erfelijke cataract. Hoewel oudere honden zeker staar kunnen krijgen door natuurlijke veroudering, beginnen echte erfelijke cataracten meestal veel eerder in het leven van de hond te verschijnen en kunnen soms totale blindheid veroorzaken. Collie-oogafwijking veroorzaakt verschillende defecten van het weefsel van het oog, variërend van weinig of geen gezichtsverlies tot totale blindheid. CEA is zichtbaar bij jonge puppy's via een oogheelkundig onderzoek en is niet-progressief. Progressieve Retina Atrofie daarentegen is een progressieve degeneratie van retinaal weefsel die leidt tot

blindheid en kan enkele jaren duren voordat het op een oogonder-
zoek verschijnt.

Auto-immuunziekten ko-
men ook vrij vaak voor bij Aussies, en kunnen veel ellende veroorzaken wanneer ze ernstig zijn.
Deze groep aandoeningen treedt
op wanneer het immuunsysteem
van het lichaam zijn eigen weef-
sels begint aan te vallen – het kan
erfelijk zijn, maar wordt ook vaak
veroorzaakt door omgevingsfac-
toren. De meest voorkomende
auto-immuunziekten bij dit ras
zijn matige tot ernstige allergieën,
Auto-immuun Thyroïditis (hypot-
hyreoïdie), Inflammatoire Darm-

*Foto met dank aan
Samantha Davenport
IG @coopandtug*

ziekte, Lupus en Pemphigus. Er is geen genetische test voor auto-immuunziekten, en helaas duurt het bij veel enkele jaren voordat ze zich ontwikkelen. Regelmatige bezoeken aan je dierenarts zullen helpen om deze ziekten
vroeg op te sporen.

Een andere zorg voor Aussies is het onbedoeld of willekeurig fokken
van twee merle-honden. Wanneer honden een enkel merle-gen dragen,
vertonen ze het mooie en unieke vachtpatroon waar het ras vaak om bekend staat. Wanneer nakomelingen echter twee kopieën van het merle-gen
erven – één van elke ouder – worden de puppy's vaak geboren met grote
hoeveelheden wit. Hoewel veel mensen dit opvallend vinden, gaat het ook
hand in hand met doofheid en ernstige oogafwijkingen – sommige puppy's kunnen blind geboren worden, met abnormaal kleine ogen, of helemaal geen ogen.

Kanker is een van de meest voorkomende doodsoorzaken bij Aussies,
specifiek twee soorten kanker – Lymfoom en Hemangiosarcoom. De eerste is
kanker van het lymfatisch systeem, terwijl de laatste kanker is van de bloed-
vatwanden. Helaas bestaat er geen genetische test of screening voor deze
kankers bij Aussies. Kanker treft meestal oudere honden (ouder dan zes jaar).
Algemene symptomen zijn verlies van eetlust, lethargie, gewichtsverlies en
depressie. Deze symptomen moeten altijd snel door je dierenarts worden
gecontroleerd.

Epilepsie jaagt angst aan bij iedereen die dit ras kent en liefheeft. Veel, zo niet de meeste aanvallen worden niet veroorzaakt door echte erfelijke epilepsie. Een juiste diagnose vereist het uitsluiten van diverse andere aandoeningen, waardoor de diagnose vaak neerkomt op het uitsluiten van alle andere mogelijke oorzaken. Als je Aussie ooit een aanval heeft, moet hij een volledig onderzoek krijgen van je dierenarts en zorgvuldig worden gemonitord. Tragisch genoeg is er geen genetische test beschikbaar voor fokkers om de incidentie van epilepsie te verminderen. Als je een diagnose van erfelijke Epilepsie bereikt, overweeg dan om deel te nemen aan de strijd tegen deze verwoestende ziekte door een van de bloedmonsters van je hond in te dienen voor een lopende studie naar epilepsie bij honden.

Van bijzonder belang is een genetische aandoening genaamd Multi-drug Resistentie (MDR1), ook bekend als Ivermectine-gevoeligheid. Dit gen zorgt ervoor dat honden bepaalde geneesmiddelen niet kunnen verdragen op niveaus die veilig zijn voor genetisch normale honden. Ongeveer 50% van het ras draagt dit gen, wat het voor fokkers zeer moeilijk maakt om te vermijden zonder andere onbedoelde gevolgen voor de gezondheid van de genenpool van de Australian Shepherd te veroorzaken. De lijst met actieve ingrediënten die vermeden moeten worden, omvat:

- Ivermectine
- Selamectine
- Milbemycine
- Moxidectine
- Loperamide

- Acepromazine
- Butorfanol
- Chemotherapie-middelen
- Emodepside

- Erythromycine
- Vincristine
- Vinblastine
- Doxorubicine

Deze geneesmiddelen mogen nooit worden gegeven aan een Aussie waarvan bekend is dat hij een drager is, of waarvan de MDR1-status onbekend is. Informeer je dierenarts dat je Aussie een MDR1-drager is of zou kunnen zijn. Deze geneesmiddelen kunnen aanvallen, coma en de dood veroorzaken. Wees niet bang om het personeel eraan te herinneren en dubbel te controleren om ervoor te zorgen dat je Aussie niet per ongeluk een problematisch geneesmiddel krijgt!

Verantwoordelijke fokkers staan aan de frontlinie in de strijd om dit ras zo gezond mogelijk te houden voor de komende jaren. Honden die in fokprogramma's worden gebruikt, moeten röntgenfoto's laten maken om te controleren op heup- en elleboogdysplasie, en jaarlijkse oogonderzoeken laten uitvoeren door een veterinaire oogarts om te screenen op oogaandoeningen. Veel fokkers doen ook een genetisch testpanel om dragers van andere ziekten te identificeren.

Problemen waarvoor Aussies vatbaar zijn, maar waarvoor geen tests beschikbaar zijn, omvatten onder andere epilepsie, auto-immuunaandoeningen, allergieën en erfelijke vormen van kanker zoals lymfoom en hemangiosarcoom. Als bij je Aussie ooit een van deze ziekten wordt gediagnosticeerd, benader dan je fokker en informeer hem over de situatie. Ze moeten zich bewust zijn van deze problemen om geïnformeerde beslissingen te nemen voor hun fokprogramma. Verantwoordelijke fokkers hebben meestal ook een genetische gezondheidsgarantie die meerdere jaren geldt. Geen enkele fokker produceert opzettelijk een hond met gezondheidsproblemen, en de meerderheid houdt diep van hun honden en streeft ernaar om het juiste voor hen te doen. Wees begripvol en beleefd – jullie willen beiden gezondheid en geluk voor je Aussie!

Huisdierenverzekering

Huisdierenverzekering werkt vergelijkbaar met een zorgverzekering voor mensen. Hoewel routinematige zorg over het algemeen betaalbaar is, kunnen grote verwondingen en ziekten zeer snel hoge dierenartsrekeningen opleveren. Als je ervoor kiest om een huisdierenverzekering af te sluiten, begin dan met het plan wanneer je hond jong is, aangezien de kosten dan vaak lager zullen zijn. Een andere reden om eerder dan later in te stappen, is dat bestaande aandoeningen niet worden gedekt door huisdierenverzekeringen. Schroom niet om rond te shoppen voor offertes om ervoor te zorgen dat je de best mogelijke deal krijgt.

Overweeg als alternatief om een spaarrekening te openen waar je maandelijks een bedrag opzij zet voor de zorg van je Aussie, zodat je voorbereid bent in geval van nood. Noodgevallen lijken altijd op te duiken op de minst gunstige momenten en je wilt er zeker van zijn dat je altijd goed uitgerust bent om voor de behoeften van je Aussie te zorgen.

Begrip van de basale gezondheidszorg voor je Aussie is een noodzakelijk onderdeel van de zorg voor hem. Van bezoeken aan de dierenarts, tot het voorkomen van externe en interne parasieten, tot het begrijpen van de rol die vaccinaties spelen – jij bent de gezondheidspleitbezorger van je Aussie! Het is aan jou om de keuzes te maken die goed zijn voor je hond en om te beslissen welke behandelingen of preventieve maatregelen in het belang van je hond zijn.

HOOFDSTUK 15
Verzorging van de Oudere Hond

De gouden jaren zijn een bijzondere en kostbare tijd in het leven van je Aussie. Je hebt hem zien opgroeien en volwassen worden tot je beste vriend en hij is een onmisbaar lid van de familie geworden. Misschien ziet of hoort hij niet meer zo goed als vroeger, of is hij niet meer zo kwiek en snel om naar de deur te rennen om je te vergezellen op een nieuw avontuur, maar hij houdt nog steeds evenveel van je als altijd.

Basisprincipes van Verzorging voor Oudere Honden

Foto met dank aan Evie Simons

Doorgaans beginnen de seniorenjaren wanneer een hond zeven tot acht jaar oud wordt. Sommige honden verouderen sneller of langzamer dan andere, maar dit is de periode waarin je meestal enkele fysieke en gedragsveranderingen kunt gaan zien. Het gezond en comfortabel houden van oudere honden staat centraal bij hun welzijn. Soms betekent dit dat er veranderingen in je routine en omgeving moeten worden aangebracht om hen tegemoet te komen.

Sommige honden lijken humeurig te worden op oudere leeftijd. In werkelijkheid wordt deze gedragsverandering vaak veroorzaakt door verschillende vormen van ongemak. De gewrichten van je Aussie kunnen pijn doen, of hij ziet of hoort

Foto met dank aan
Mary Slake

misschien niet meer zo goed als vroeger, wat hem gespannen maakt. Bij significante of zorgwekkende gedragsveranderingen moet je naar de dierenarts gaan om fysieke of medische oorzaken uit te sluiten.

Vachtverzorging

Verzorgingsdagen, hoewel misschien ooit leuk voor je Aussie, kunnen voor jullie beiden belastender worden. Lang staan kan onmogelijk worden voor oudere honden met stijve, pijnlijke gewrichten. In plaats van één lange verzorgingssessie van begin tot eind, kun je overwegen om het op te delen in verschillende sessies en je Aussie regelmatig pauzes te gever. Je kunt hem leren zich te laten verzorgen terwijl hij op zijn zij ligt. Hoewel franjes prachtig zijn, moet je misschien overwegen om ze korter te knippen voor gemakkelijker onderhoud. Als je een professionele trimmer gebruikt, overweeg dan kortere maar frequentere bezoeken om het voor je Aussie makkelijker te maken.

Wanneer je je oudere hond verzorgt, let dan op bulten, nieuwe moeder-vlekken, haaruitval of veranderingen in huidskleur. Sommige kunnen on-schadelijke leeftijdsgerelateerde veranderingen zijn, terwijl andere kunnen wijzen op kanker of andere ziekten die vaker voorkomen in de latere jaren. Als je Aussie de vachtverzorging extreem oncomfortabel of zelfs ondraaglijk begint te vinden, of als hij de volgende dag bijzonder pijnlijk lijkt, praat dan met je dierenarts over medicatie tegen pijn en ontstekingen.

Voeding

Veel oudere honden zijn niet meer zo actief als vroeger. Hun gewicht kan aanzienlijk toenemen, wat nog meer druk legt op hun verouderende gewrichten. Als je Aussie moeite heeft om een gezond lichaamsgewicht te behouden, overweeg dan over te stappen op kwalitatief, caloriearm voer bedoeld voor gewichtsbeheersing. Als alternatief kun je de normale maal-tijdportie van je Aussie verkleinen en dat deel vervangen door wat groene bonen uit blik zonder toegevoegd zout. De vezels helpen je hond om zich voller te voelen terwijl je de calorieën vermindert.

Foto met dank aan
Cynthia Hokes

*Foto met dank aan
Kaity Sevits*

Supplementen die gunstig kunnen zijn voor oudere huisdieren zijn glucosamine en chondroïtine, groenlipmossel-poeder en omega 3-vetzuren. Deze kunnen allemaal bijdragen aan een gezonde gewrichtsfunctie. Sommige oudere honden kunnen een gevoeliger darmstelsel ontwikkelen; een probioticum kan helpen bij problemen zoals gasvorming of dunne ontlasting.

Af en toe kunnen oudere honden medische problemen ontwikkelen die een speciaal dieet vereisen, voorgeschreven door je dierenarts. Dit kunnen voedingsmiddelen zijn met minder eiwitten voor honden met falende nieren, vetarme diëten voor alvleesklieraandoeningen, enzovoort. Overleg met je dierenarts of je Aussie baat zou hebben bij een specifiek soort dieet.

Beweging

Hoewel bewegen moeilijker kan worden, blijft lichaamsbeweging een essentieel onderdeel van de gezondheid van je Aussie. Australian Shepherds zijn gemaakt om in beweging te zijn! Hoe minder mobiel je hond is, hoe sneller zijn lichaam achteruit zal gaan. Regelmatige, zachte beweging houdt spieren en gewrichten sterk en verbetert de bloedcirculatie. Het helpt ook bij het beheersen van het gewicht, wat op zijn beurt de belasting van de gewrichten vermindert. Geschikte vormen van beweging kunnen wandelingen, zwemmen en korte spelletjes apporteren omvatten. Zorg ervoor dat je het niet overdrijft – je Aussie heeft niet meer het uithoudingsvermogen van vroeger. Zelfs als hij vandaag in orde lijkt, kan hij morgen pijn hebben door de overbelasting. Als je merkt dat je Aussie pijn heeft na het bewegen, verminder dan de intensiteit en duur de volgende keer.

Let op de temperatuur buiten wanneer je met je oudere Aussie gaat bewegen. Geriatrische honden zijn gevoeliger voor hitte en kou. Verminder de duur van de beweging tijdens extreme temperaturen, of houd je Aussie die dag binnen.

Hoewel je oudere Aussie misschien niet meer zo kwiek is als vroeger, is hij nog steeds zeer intelligent en zal hij het heerlijk vinden om deel uit te maken van welke activiteit je ook onderneemt. Oudere honden kunnen zeker nieuwe trucjes leren, en leeftijd is geen excuus om te bezuinigen op het mentale welzijn van je Aussie. Overweeg om een cursus te volgen of je Aussie een nieuw spel te leren om zijn geest scherp te houden! Interactieve puzzelspellen waarbij je Aussie moet werken voor een beloning in de vorm van een snoepje zijn een geweldige manier om hen te vermaken.

Veelvoorkomende Ouderdomskwalen

Naarmate je Aussie ouder wordt, zal hij vatbaarder worden voor verschillende ziekten en kwalen. Een van de meest voorkomende is artritis. Net als bij mensen beginnen de gewrichten van een hond te verslechteren naarmate hij ouder wordt. Dit kan resulteren in pijn, stijfheid en depressie bij je Aussie. Door de dierenarts voorgeschreven pijnmedicatie en gewrichtssupplementen voor honden kunnen een heel eind helpen om je hond comfortabel te houden. Het gewicht van je Aussie laag houden en ervoor zorgen dat hij in beweging blijft, zal helpen om de progressie van deze kwaal te vertragen.

Verlies van gezichtsvermogen en gehoor komen ook vaak voor naarmate je Aussie ouder wordt. Je kunt beginnen te merken dat je Aussie niet komt als je de eerste keer roept of niet naar de deur rent wanneer iemand aanklopt omdat hij het niet meer kan horen. Hij kan onhandig of gedesoriënteerd lijken als je de indeling van je huis verandert, omdat zijn ogen veranderingen in zijn omgeving niet meer zo gemakkelijk kunnen waarnemen. Benader je hond voorzichtig wanneer hij slaapt of zich niet bewust is van je aanwezigheid, omdat hij bang kan worden wanneer hij schrikt en kan uithalen. Gebruik je stem om een hond met een verminderd gezichtsvermogen te waarschuwen voor je aanwezigheid. Voor een hond die slechthorend is, probeer met je voet op de grond te tikken om zijn aandacht te trekken met de trillingen of raak hem zachtjes aan op zijn rug.

Een andere ongelukkige kwaal die oudere honden treft, is het verlies van controle over darmen en blaas. Als je Aussie ongelukjes in huis begint te krijgen, breng hem dan naar je dierenarts om onderliggende oorzaken te controleren. Soms is het simpelweg te wijten aan het verouderen en verzwakken van de spieren die de darmen en blaas controleren. Je Aussie moet misschien veel vaker naar buiten of worden getraind om een zindelijkheidsmatje te gebruiken. Luiers kunnen als laatste redmiddel worden gedragen, maar voorzichtigheid is geboden omdat deze vatbaar zijn voor het veroorzaken van urinebrandwonden als je Aussie niet zeer schoon en droog wordt gehouden.

Hartaandoeningen en leveraandoeningen zijn twee ernstige kwalen die oudere honden kunnen treffen. Symptomen van hartaandoeningen zijn onder andere hoesten, vermoeidheid en kortademigheid. Tekenen van nieraandoeningen zijn onder andere braken, lethargie en verhoogde dorst. Als je Aussie een van deze symptomen vertoont, moet hij snel door een dierenarts worden gezien.

Kanker is een van de meest voorkomende doodsoorzaken bij honden. Er zijn veel verschillende vormen van kanker die bijna elk weefsel in het lichaam aantasten, maar enkele symptomen van bepaalde soorten kanker zijn bulten en bobbels onder de huid, zwelling van de buik, wonden die niet willen genezen, veranderingen in eetlust en depressie. Sommige kankers zijn behandelbaar met een operatie, terwijl andere geen genezing hebben en vereisen dat je hond simpelweg comfortabel wordt gehouden.

Regelmatige bezoeken aan de dierenarts zijn cruciaal om je oudere hond zo lang mogelijk gezond en comfortabel te houden. Jaarlijks moet bloedonderzoek worden uitgevoerd om te controleren op tekenen van onderliggende ziekten. Neem deze tijd om eventuele veranderingen in gezondheid of gedrag met je dierenarts te bespreken, aangezien deze kunnen wijzen op opkomende gezondheidsproblemen.

Wanneer Het Tijd Is om Afscheid te Nemen

Het levenseinde van je geliefde metgezel is een onderwerp waarover weinigen willen nadenken, maar er moet enige aandacht worden besteed aan deze hartverscheurende, onvermijdelijke gebeurtenis. Veel eigenaren worstelen met het vinden van het juiste moment om afscheid te nemen. Overweeg de gezondheid en het geluk van je Aussie – heeft hij nog steeds

meer goede dan slechte dagen? Eet hij nog goed en lijkt hij van het leven te genieten? Ben je nog steeds in staat om hem redelijk comfortabel te houden? Als het antwoord op een van deze vragen 'nee' is, kan het tijd zijn om euthanasie te overwegen. Spreek met je dierenarts om te bepalen of er iets is dat je kunt doen om de levenskwaliteit van je Aussie te verbeteren.

Probeer niet te wachten tot je Aussie echt ellendig is. Wanneer de slechte dagen net zo frequent worden als de goede, overweeg dan om een van die echt goede dagen te kiezen en er een speciale laatste dag van te maken. Neem je Aussie mee voor een ijsje, ga naar het park, neem de tijd om te doen wat je Aussie het liefste doet en maak wat herinneringen. Maak wat foto's van jullie samen zodat je die kunt koesteren.

Soms kan je hond zo snel achteruitgaan dat je geen andere redelijke optie hebt dan hem met spoed naar de dierenarts te brengen. Hoe dan ook, wanneer het tijd is, wil niemand de moeilijke beslissing nemen om het leven van een lijdend huisdier te beëindigen... maar het vergt een moedige en liefdevolle eigenaar om te doen wat het beste is voor hun geliefde Aussie, zelfs als dat betekent dat ze afscheid moeten nemen. Wanneer het moment daar is, zal je dierenarts jou en je Aussie naar een privékamer brengen. Je zult bij je Aussie kunnen blijven en hem kunnen knuffelen of vasthouden, wat troostend voor hem zal zijn. Je dierenarts zal uitleggen wat hij bij elke stap doet en waarom. Meestal wordt een kalmeringsmiddel gegeven dat je Aussie binnen vijftien minuten in een diepe slaap brengt. Daarna zal je dierenarts een dodelijke injectie geven die ervoor zorgt dat hun ademhaling en hart binnen enkele minuten stoppen. Ze kunnen wat spiertrekkngen of andere reacties vertonen door het euthanasiemedicijn, maar dit is een normaal onderdeel van het afsluitingsproces van hun lichaamsfuncties. Ze ervaren geen pijn of ongemak. Wanneer je Aussie overlijdt, moet er worden nagedacht over zijn stoffelijke resten. Hoewel veel eigenaren hun huisdieren in hun achtertuin begraven, is dit misschien niet de beste optie en is het mogelijk zelfs niet legaal op jouw locatie. Als je besluit om hem te begraven, moet hij 75 cm tot 1 meter onder de grond worden gelegd om ervoor te zorgen dat wilde dieren zijn resten niet opgraven.

Een andere optie is crematie, waarbij de resten worden verbrand en de as aan jou wordt teruggegeven. Deze methode is milieuvriendelijker en stelt je in staat om de resten van je Aussie in een versierde urn te plaatsen om te bewaren of te begraven. Sommige ambachtslieden die glas blazen, zijn gespecialiseerd in het maken van prachtige hangers of sculpturen waarin de as is verwerkt, die kostbare aandenken kunnen worden.

Ten slotte, afhankelijk van de doodsoorzaak of euthanasie, kun je mogelijk het lichaam van je Aussie doneren aan onderzoek naar de gezondheid van honden. Spreek met je dierenarts over de mogelijkheid en of er universiteiten zijn die hem kunnen gebruiken. Op een bepaalde manier zal je Aussie honden overal helpen door waardevolle informatie te verstrekken aan wetenschappers en onderzoekers.

Het leven delen met een Australian Shepherd is een reis en een voorrecht. Dit ras heeft een ongelooflijke hoeveelheid karakter, en het is geen wonder dat degenen die Aussies goed kennen zo dol op ze zijn. Soms schieten we tekort om de persoon te zijn die ze nodig hebben. Gelukkig vergeven ze ons en houden ze evenveel van ons. Aussies kunnen tijdrovend zijn om op te voeden, maar hun expressieve, intelligente blik, vrolijk kwispelende stompstaart en altijd-klaar-voor-wat-dan-ook houding maakt elke minuut de moeite waard.